後悔しない家づくりのすべて

一級建築士YouTuber
げげ

sanctuary books

「家族が幸せになれる」
家をつくりたいすべての人へ

家づくり、おつかれさまです。

誰もが経験値のない状態から、
手探りで始めなければならず、
だからこそ苦労する人があとを絶ちません。

どうやって選べばいいんだろう……
お金はどのくらいかかるのか……
満足できる家に仕上がるのか……

疑問がいつも頭に浮かんだ状態で、
それでも前に進まねばならず、
きっと不安に感じていることでしょう。

理想の家は人によって違いますが、
共通の願いは、
「家族が幸せに暮らせる家をつくること」
ではないでしょうか。

あなたとあなたの大切な家族が、
心から幸せを感じることができるのは
どんな家なのか。
一緒に考えてみませんか。

はじめに

家を、つくること。

多くの人にとって、一生に一度のライフイベントであり、もっとも大きな決断のひとつでしょう。誰もが迷い、戸惑い、途方に暮れながら、歩みを前に進めていかねばなりません。

この本を手にとってくれているあなたも、家づくりという「迷いの森」を歩いている最中かもしれません。毎日SNSをチェックして理想の家を探し、週末ごとに住宅展示場に足を運ぶ、忙しい日々……。本当に大変な作業です。

家づくりのいちばんの難しさは、「(みんなにあてはまる)正解がない」ところにあると思います。人の数だけ理想が存在し、家族の数だけライフスタイルがあります。土地もひとつとして同じものはありません。自分にとって、いったい何が正解なのか。誰も教えてくれません。

家をどこに建てるか、予算はいくらにするか、間取りは、デザインは、庭は……。決めるべきことは山積みで、手探りで、自らの家づくりの最適解を模索していくしかなく、ときに頭を抱えたくなることもあるでしょう。

そうして五里霧中のまま、「なんとなく」で決断を繰り返しても、最終的に家は建ちます。

ただ、いざ新生活が始まると、「こうしておけばよかった……」という後悔が続々とあふれ出てくるもの。ネット上で「家づくり　後悔」で検索すれば、いかに多くの人が不満を抱えているか、よくわかります。

たとえば、代表的な後悔ポイントである「コンセントの位置」なら、どうしても追加したければ、あとで工事することもできます。しかし、間取りや家の性能にかかわる部分などは、「気に入らないからやり直し」というわけにはいきません。

不満や不安を抱えながらも、改善する手立てがなく、我慢して一生過ごしていくというのは、とても不幸なことだと私は思います。

では、家づくりで後悔しないためには、どうすればいいのか。

一生満足して住み続けられる「幸せな家」を、いかにしてつくっていくか。

その私なりの結論を詰め込んだのが、この本です。

私は以前、大手ハウスメーカーに勤務し、一級建築士として注文住宅の設計に携わってきました。そこでたくさんの施主の方の悩みと向き合い、ともに解決方法を模索する日々から「後悔しない家づくりのポイント」が、少しずつ見えてきました。

私の脳裏には、今も悩み迷う施主の方々の表情が焼きついています。

家づくりという難題に、ともに立ち向かった施主の方々……。その声や体験を、少しでも多くの人に届け、「不幸な家」を減らすことが、自分の役割ではないか……。

建築家として独立後、そんな自らの思いを形にしたのが、家づくりに役立つ情報を日々発信するYouTubeです。幸いにも、たくさんの人に観てもらうことができ（チャンネル登録者数7万人※2021年7月時点）、多くの反響をいただいています。

その一方で、コメント欄に大量に寄せられる、家づくりに関する悩みや葛藤……。それらに総合的に答えられるような「家づくりの手引書」があったらいい。わかりやすく、明日からすぐに使える実践的な手引書が、つくれないものか。そんな動機から、本書はスタートしています。


この本のゴールは、「末永く快適で健康に暮らせる、幸せな家をつくること」です。

ここに記してあるのは、あくまで私個人の見解であり、特定の業界や団体を批判する意図はまったくありませんが、これまでの「家づくりの常識」とは違った視点での提案がいくつもあります。


大きい家より小さい家のほうが幸せ。

吹き抜けは弱点にもなる。

和室はなくていい。

バルコニーはなくていい。

見た目より、性能を重視する。

そうした私の主張を、図解を交えながらできるだけわかりやすく解説していきます。また、自宅で働く人が増え、書斎に対するニーズが高まるなど、新たな時代に求められる家づくりについても、提案します。

幸せな家づくりを目指すうえで大切なのは、既存の思い込みや誤ったイメージに流されず、自分たちならではの最適解を求めていくことです。

そうして「自分たちにぴったりの家」をつくるためには、まずは自分たちがその家でどのように暮らしていきたいか、どんな人生を歩みたいかという、「価値観の棚卸し」が必要になってきます。「ほしい暮らし」という羅針盤さえできれば、実は家づくりは、そこまで難しいものではありません。迷った際にもその羅針盤に従えば、道を外すことなく進めます。その「羅針盤づくり」も、本書の重要な目的のひとつです。

この本が、どうかあなたにとっての「幸せな家」へとつながる扉を開く1冊となりますように。

目次

CHAPTER 2
土地とお金のいい関係
（コスト編）

CHAPTER 5

家づくりで後悔しない人が選ぶ間取り

（間取り編）

CHAPTER 6

仕事がはかどる集中部屋のつくり方（職住融合編）

序章

幸せになる家づくり
5つの鉄則

「幸せな家」って、なんだろう？

家づくりの羅針盤を持とう

こっちに行こう
N
W
E
S

あなたは、なんのために家をつくりますか。家づくりは、建てることが目的ではありません。**そこで末永く幸せに暮らせて初めて、成功**といえるのです。

ただ、幸せの定義は、人によって異なります。広い庭があるのが幸せ。家族が団らんできる居心地のいい場所があるのが幸せ。自然を眺めながら暮らすのが幸せ。趣味の空間に囲まれて暮らすのが幸せ……。挙げればきりがありません。

さて、あなたにとって「幸せな家」とはなんでしょう。

きっと今は、もやもやとしてはっきり定まっていないかもしれません。そんなあなたの「幸せな家」を形にしていき、実際に家づくりを行う際の羅針盤とするのが、この本の役割です。

間取り、デザイン、性能……。気になる話はたくさんあるでしょうが、各論に移る前に、まずは誰もが家をつくるためのベースとなる考え方として「幸せになる家づくりの5つの鉄則」から、お伝えしていきたいと思います。

家を建てる目的を考える

なぜ家をつくるのか

✕「家を建てること」は目的ではなく、手段

○ 建てた家で、末永く幸せに暮らすこと

- 広い庭があるのが幸せ
- 家族が団らんできる居心地のいい場所があるのが幸せ
- 自然を眺めながら暮らすのが幸せ
- 趣味の空間に囲まれて暮らすのが幸せ

自分たち家族にとっての「幸せな家」ってなんだろう?

みんなにあてはまる答えはない
家族によって「幸せな家」は違う

家のスペックやデザインという、
目に見える部分より大切な
「幸せになる家づくり」を知る

幸せな家の定義は
人によって違う。

鉄則その1

すべてを満たす家は、存在しない

何を優先して、何を手放すか

いきなり厳しい話になってしまいますが、タイトルの通り、「すべてを満たす家」は幻の存在です。

これは、「仕事選び」と似ています。給料、仕事内容、勤務地、勤務時間、人間関係……。すべて理想通りの仕事が見つかれば最高ですが、仮に見つかっても、その職場に選ばれるというハードルは限りなく高いかもしれません。

仕事選びにあたり、多くの人は「完璧」を求めず、優先順位をつけて検討するのではないでしょうか。

家づくりでも、その感覚を持つことが大切です。完璧を求めずにどうやって幸せになれる家を建てるのか。

建築にあたり、**三角形といえる要素が、「性能」「デザイン」「コスト」**です。そのどれを優先し、どこをある程度譲るか。バランスを見ながら、最適解を探していくのが、いい家づくりの秘訣です。

あらゆる要望を満たす完璧な家という幻を追いかけるより、**「自分にぴったりの、居心地のいい家」を建てる。**それがこの本の目標です。

家をつくる大切な3つの要素

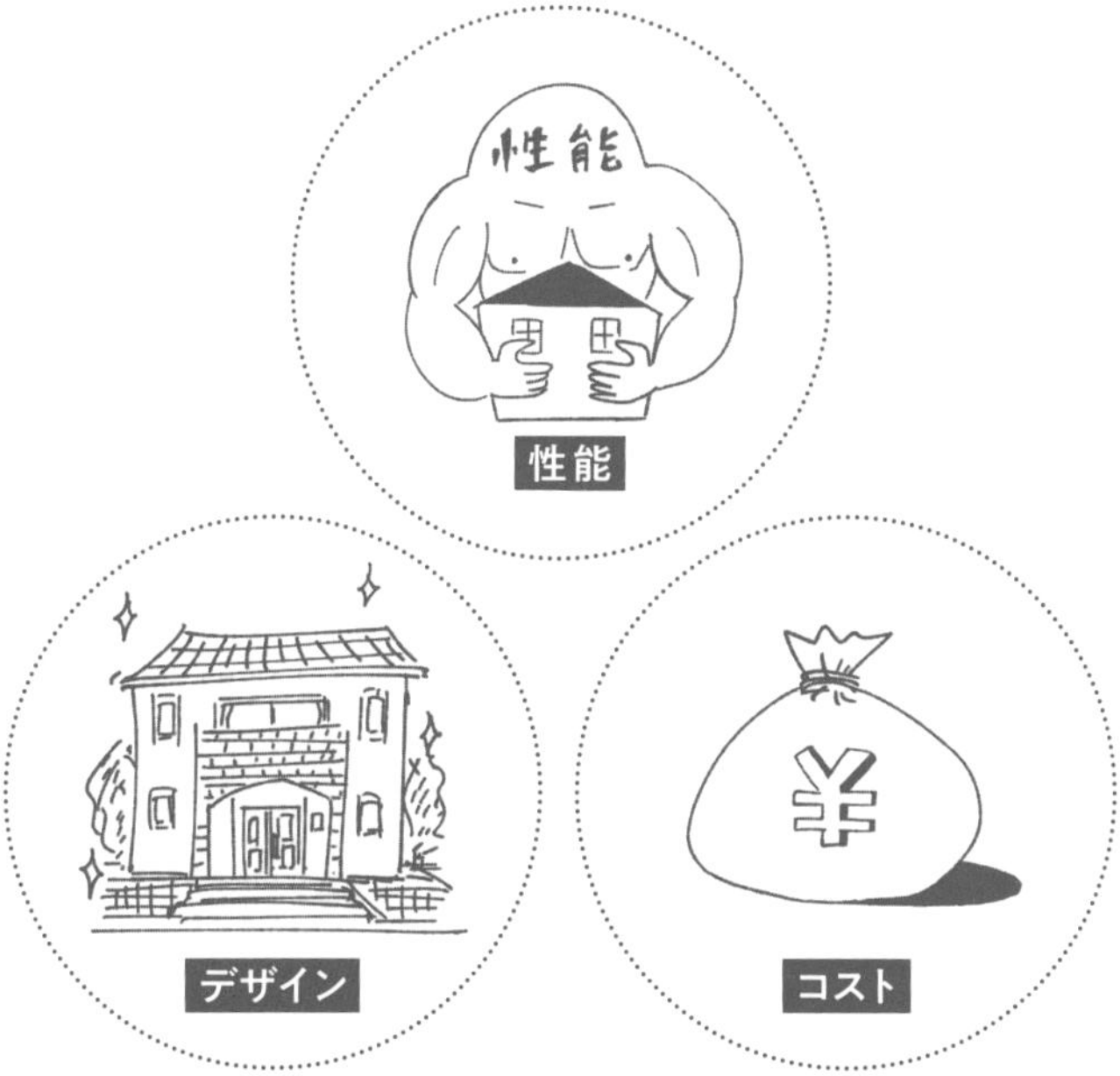

3つすべてを満たす家は存在しない

たとえば……
「コストをかけてでも高性能の家を建てよう」
「性能は一般グレードでいいけど、デザインはこだわりたい」など

自分たち家族の「幸せな家」をつくるために
何を大切にするか？　ある程度、譲れるものは何か？

自分たちの価値観に合わせた取捨選択をしよう。

鉄則その2

「ほしい家」より、「ほしい暮らし」

どんな生活をしたいか、を考える

GOOD!
広いソファのあるリビング……
ここでゆったりしよう

「どんな家をつくりたいですか?」。設計者からそう聞かれた際、多くの人は、「間取り」や「部屋数」を答えるでしょう。3LDKがいい、吹き抜けがほしい、子ども部屋は2つ、書斎は、お風呂は……。

確かに具体的な要件を出すのも必要ですが、いきなりそこからスタートすると、家が建ったあとに、使わない部屋や空間が出てきがち。生活に必要のない不幸な空間は、家を「実際にどのように使うか」が想定できていないことで生まれるものです。

まず考えるべきこと。それは**「どんなふうに暮らしていきたいか」**です。

趣味を楽しみたい、家族団らんを大切にしたい、家事を快適に行いたい、庭をのんびり眺めたい、ペットとのびのび過ごしたい……。自分がその家でどんな暮らしをしたいのかを事前にイメージしておき、それに合わせて間取りや部屋数、デザイン、外観といった要素を組み立てていくのが、幸せな家づくりのゴールデンルートです。

ほしい暮らしこそ、家づくりの設計図なのです。

家を建てたらどんなふうに暮らしたい？

設計者「どんな家を建てたいですか？」

施主「間取り」や「部屋数」を答えがち

例）3LDKがいい、吹き抜けがほしい、
子ども部屋は2つ、書斎は2階に、
お風呂には大きめの窓がほしい……など

↓

条件を固めすぎると
使わない部屋や空間が出てくる原因に

まずやるべきなのは
「どんなふうに暮らしていきたいか」を考える

趣味を楽しみたい、家族団らんを大切にしたい、
家事を快適に行いたい、庭をのんびり眺めたい、
ペットとのびのび過ごしたい……など

どんなふうに暮らしたいか、
家族で話す時間をとってみよう。

鉄則その3

間取りで家のすべてが決まる

あとで変えづらいからこそ慎重に

いいかい?
間取りは慎重に
決めるんだよ……
zzz
zzz

幸せに暮らせる家をつくるのに重要なのが、「間取り」です。

間取りの決定は、部屋数や配置といった表面だけの話ではありません。**間取りは家の構造とイコールであり、柱の数や壁の位置が家のあらゆる性能に影響を及ぼします。**たとえば、凹凸のある間取りほど熱が逃げやすくなり、空調コストがかさみがちですし、吹き抜けや窓を大きくとれば、構造的には弱くなります。デザイン優先で、合理的な位置に梁や壁を設けることができなければ、断熱性や耐震性にマイナスの影響が出ます。

そして**間取りは、建築後にもっとも変えづらい要素**です。気に入らないから、不便だからと、簡単につくり変えることはできません。

おしゃれな家や広い家をつくりたい気持ちはわかりますが、デザイン性や空間の確保を優先するあまり、性能や快適性、経済性が落ちるのは避けたいところ。設計者と納得いくまで相談し、希望する間取りのメリットとデメリットを天秤にかけたうえで慎重に決めましょう。

間取りは家の構造につながる

どうして間取りが大事なの?

⬇

部屋数や配置だけじゃない

柱の数、壁の位置……

つまり **間取り＝「家の性能」そのもの**

たとえば……

凹凸のある間取りは暖房効率が落ちる
（表面積が増えるため）

吹き抜け、大きな窓は構造的に弱くなる

⬇

断熱性や耐震性にマイナス

間取りを考えるとき

- おしゃれさ、広さ、個性的なデザイン
- 性能、快適性、経済性　⬅優先すべきはこっち

間取りのいい家は、デザインより性能重視。

鉄則その4 できるだけ小さく、シンプルにつくる

「広さ＝コスト」と心得る

MAME'S HOUSE
持て余すワン……

「広い家がほしい」。それはなぜでしょう。昔からの夢だった？　広いほうが、暮らしやすそうだから？　そうして「なんとなく」いいと思っているけれど、広い家を建てる具体的な理由がない。そんな人が多いと感じます。

私が提案したいのは、むしろ逆。**「小さな家」を建てるほうが、豊かに暮らせる**と考えています。

広さは、コスト。大きい家を建てる分だけお金がかかります。部屋が広いほど室温を快適に保つのにエネルギーがいり、掃除も大変です。

小さな家なら建設費用が抑えられ、その予算を断熱性や耐震性といった「家の性能」にまわすことでより快適に、安心して毎日を過ごせます。家族全員が目の届く範囲で暮らし、掃除もラク。敷地にできた余白で庭が大きくとれますから、のんびり緑を眺めたり、家庭菜園をしたりするのもいいでしょう。

家の広さを、むしろ最小限にすることで、暮らしの質を上げる。それが、幸せになる家づくりの原則です。

広いいえがほしいのはなぜ？

「せっかくなら、少しでも広い家がほしい」

↓ なぜ？

昔からの夢？
広いほうが、暮らしやすそうだから？

大きな家

- コストがかかる（土地が必然的に大きくなる）
- 室温を快適に保つのが大変（光熱費がかかる）
- 掃除が大変
- メンテナンス費用が高い

小さな家

- コストが抑えられる
- 「家の性能」にコストをまわせる
- 掃除がラク
- 庭を広くとれる

「小さな家」を建てるほうが、幸せに暮らせる可能性が高い

家族にとって必要最小限のサイズで十分。

鉄則その5

自分なりの、判断基準を持つ

選択疲れから抜け出そう

家づくりは、迷いの連続です。思いの外選ぶべきことが多く、度重なる打ち合わせに疲れて「もう何が正しいかわからない……」と、「選択疲れ」を起こす人も少なくありません。

そんな大変さを軽減するには、あらかじめ**自分なりの判断基準を持っておく**ことが大切です。判断基準があれば、それに基づいて迷わず判断できる項目が増え、自信を持って前に進んでいけます。

自分なりの判断基準の土台となるのは、「どんな暮らしがほしいのか」。そこがすべての始まりです。

ほしい暮らしを掘り下げると、自らの原体験に行きつくかもしれません。小さな頃、自然豊かな場所で育ったから、広い庭があるといい。実家が古く、冬はいつも寒かったので、あたたかな家で生活したい。そうして自らの過去に寄り添い、心の底に眠る思いを解消してくれる家ができれば、必ず幸せに暮らせます。

よそと比較するより、自分と向き合ってほしい暮らしを導くことで、自らが大切にすべき家づくりの軸が見えてくるでしょう。

家づくりで迷わないために

家づくりの計画中……
「選択疲れ」「マイホームブルー」に陥る人も多い

他人と比べるのではなく、
「自分と向き合う」ことで家づくりの軸ができる

過去（実家やこれまでの住まい）を振り返り、
心の底に眠る「家への思い」を知ろう

自身の住体験を振り返ることで
「ほしい暮らし」が見えてくる。

CHAPTER

1

家をつくる前に
これだけは
押さえておきたいこと

（基礎知識編）

なぜ注文住宅を建てるのか

「なんとなく」ならちょっと待って

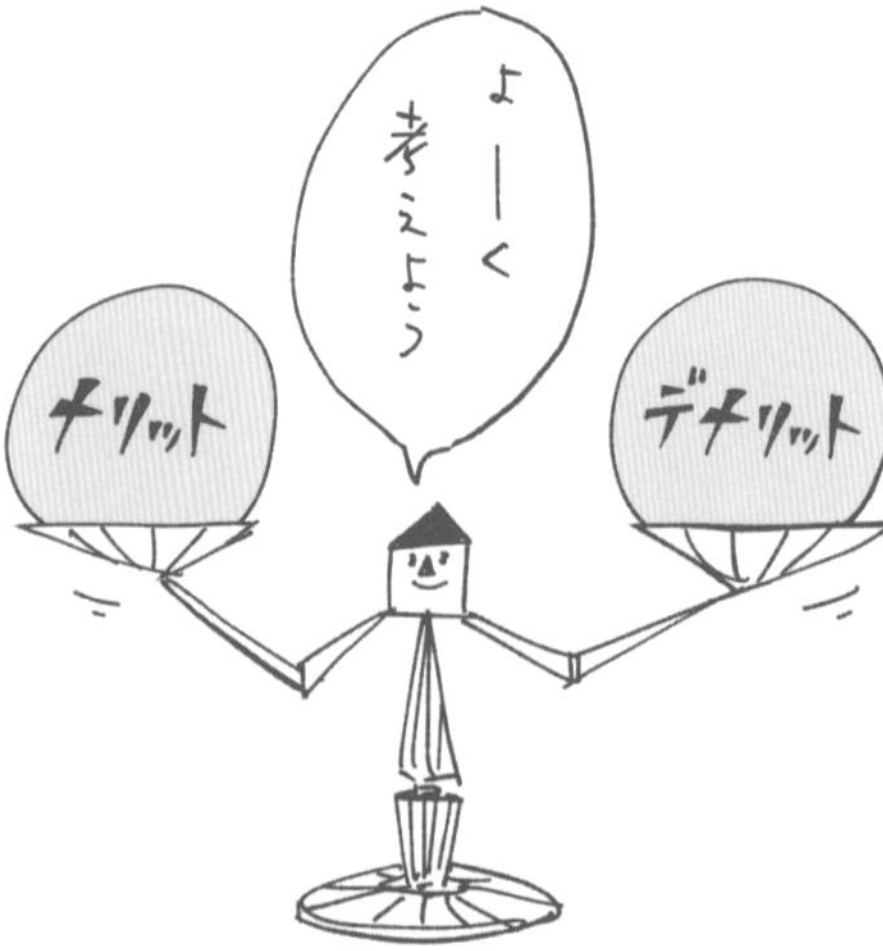

そもそもなぜ、注文住宅を建てようと思いましたか。昔からの夢だった、おしゃれだから、広い家に住みたい……。その理由が「なんとなく」という感覚の範疇にあるなら、一度考え直しましょう。

注文住宅は、**家の中でもっともコストと時間、労力がかかる選択肢**です。もしあなたの家に求める条件が、注文住宅でなくても達成できるなら、こだわる必要はありません。

たとえば中古住宅や建売住宅は、注文住宅よりも安価で、現物を見たうえで購入できますから「イメージと違う」という後悔もありません。マンションの中間階の中住戸は、四方を部屋に囲まれているため断熱性が高く、コストパフォーマンスに優れます。

家を新たにする目的は、**住宅というハードをつくることではなく、あくまでソフト、すなわち「幸せな暮らしの実現」**にあります。注文住宅は、そのための選択肢のひとつにすぎません。メリットとデメリットを理解したうえで、やはり「注文住宅がいい」と思えるか確認しましょう。

注文住宅を建てるメリット・デメリット

メリット

- オーダーメイドで唯一無二の家ができる
- 間取りから庭まで、自由度が高い
- 好みのデザインにできる
- 家族構成やライフスタイルに合わせた設計ができる
- 性能を納得いくまで追求できる

デメリット

- コストがかかる
- イメージ通りの家ができない可能性がある
- 時間と労力がかかり、覚悟が必要
- 最適な選択をするにはそれなりの知識が求められる
- 契約から引き渡しまで時間がかかる

注文住宅はコストと時間がもっともかかる選択肢。

建売か、注文か、それが問題だ

「建売」はオーソドックスで平均的な家が手に入る

＼ザ・オーソドックス／
あなたは建売人間よね
・・・・

戸建ての家がほしいなら、「建売か、注文か」で悩む人は多いでしょう。気に入った建売住宅を探してコストを抑えるか、思い切って注文住宅にするか。自分に合った選択をするには、建売住宅の特徴も知っておかねばなりません。

建売の家は、基本的にあまり個性のないデザインと、オーソドックスな間取りを備え、万人に受けるような仕様になっています。性能面も「普通」であるものが多く、高性能な注文住宅と比べれば30%～50%ほど性能が落ちますが、特段住みづらいわけではありません。**何事においても、平均点。それが建売の特徴です。**

もし家で思う存分楽器を弾きたいという希望があるなら、防音室が必要です。車が趣味なら、ビルトインガレージがあると楽しいもの。そんな特殊な暮らしを実現する場合、注文住宅がベストです。

一方で、叶えたい特殊な暮らしや夢があまりないなら、**コストが安く、一般解を満たす建売住宅という選択をしても十分幸せに暮らせる**はずです。

建売住宅・注文住宅、どちらを選ぶ？

建売住宅はこんなタイプの人に

- 早く入居したい人
- オーソドックスな間取りや仕様がいい人
- イニシャルコスト（初期費用）を抑えたい人
（性能やメンテナンス性は注文住宅より落ちる）
- 時間と手間をなるべくかけずに、一戸建てを手に入れたい人
- 間取りやデザインが決められた住宅の中から選びたい人
- 分譲地でのコミュニティに魅力を感じる人

注文住宅はこんなタイプの人に

- 建売住宅では叶わない、具体的な夢がある人
（例：ビルトインガレージ、トレーニングルーム、壁づけの大きな本棚など）
- お金と時間をかけてでも、こだわりの家づくりをしたい人
- 使いたい設備、依頼したいハウスメーカーや工務店、
希望する工法などがある人
- カーテンを開けて開放的に暮らしたい人
（分譲地より日当たりがとりやすい）
- 大家族や二世帯住宅
（一般的な建売住宅は、4～5人家族を想定）

特殊な「叶えたい暮らし」がないなら
建売住宅で十分。

やっぱり大手のハウスメーカーが安心？

保証神話にとらわれて選択肢を減らすのは危険

フィクションじゃよ
保証神話

家を建てるなら、できるだけ有名なハウスメーカーのほうが安心できる。保証がしっかりしてそう。そう思っている人は、多いかもしれません。

確かに大手ではよく「〇〇年保証」を謳っています。ただ、「定期点検は無料で行うけれど、問題が見つかった際の工事は有料」というケースが多いです。いくら大手であっても、**家の面倒を見ていくのはあくまで施主であるという点を、忘れてはいけません。**また、ハウスメーカーだからトラブルがないというわけでもありません。大手では特に、**営業、設計、工事の担当がそれぞれ異なり、窓口がわかりづらくなりがち**です。

何もハウスメーカーを否定しているわけではありません。社員には優秀な人材が多くいますし、豊富な事例を共有し、ミスを減らす努力もしています。経営基盤は強固で、一般的な中小企業に比べれば倒産のリスクは圧倒的に低く、長きにわたり相談できるパートナーといえます。

ただ、最初から〝保証神話〟にとらわれ、発注先を有名ハウスメーカーに絞ってしまうと、結果的に家づくりの選択肢や可能性が狭まりかねません。

「○○年保証」の意味を知る

- 保証＝無料ではない　（勘違いしている人が多い）
- 無料点検、有償工事がほとんど
- 部位による、保証の範囲に注意

→瑕疵担保責任《かしたんぽせきにん》（品確法）10年間（設備は1～2年保証が多い）

POINT

- 施主自身が、正しく住み、正しくメンテナンスしていくことが大事
- 「大手で建てたから守ってもらえる」という意識で管理を怠ると、劣化が早まる

↓

メンテナンスの視点を持って、建てること

大手ハウスメーカーを選ぶメリットは？

- 資本力・与信があることは事実
- 優秀な人材が集まりやすい
- 情報の共有がしっかりしている

※「一生今の会社にわが家の点検をしてほしい」「絶対に倒産してほしくない」といった気持ちが強い方は、大手ハウスメーカーがおすすめ

入り口は広い視野を持って
パートナー探しをしよう。

「ほしい暮らし」はどう見つける？

ライフスタイルと価値観の棚卸しをしてみよう

マメ ♂ 2歳
・家族大好き
・散歩は朝夕2回
・広めの庭希望

「あなたは、新たな家でどんな暮らしがしたいですか？」。こう聞かれたら、なんと答えるでしょうか。「広いリビングでゆっくり過ごせて……」など、大抵の人は、漠然としたイメージしか持っていないと思います。

家づくりにあたっては、「ほしい暮らし」をできる限り具体的にしておくのが、とても大切です。

まずは、**今までの自分や、これまでの暮らしを見つめ直し、そこから自らが望む暮らしはなんなのかを、紐解いていく**といいでしょう。

私が施主の方と初めて会った際、必ずする質問があります。まずは**家族構成と、持ち込み家財**。家のボリュームを決める最低限の情報を知るためです。また、**ライフスタイルや趣味、仕事について、今の住まいのいいところと悪いところ**なども尋ねます。こうして施主の方について知り、そのうえでどんな方向性で最初の提案をするかを練っていきます。

参考までに、私が設計者として知っておきたい質問をまとめたので、自分の暮らしを省みる材料にしてみてください。

「ほしい暮らし」を見つけるための質問リスト

家族構成・ペット

- 名前や生年月日、性別、身長
- 持ち込みたいものとその寸法（家具・大物家電・楽器・水槽・その他特殊なもの）
- 所有する車、自転車、バイク、今後の購入予定（必要駐車台数）

ライフスタイル・将来のこと

- 家族の個人別、1日のスケジュール（平日・土日）
- 買い物（食料品）の頻度や特徴
- 現在の収納の量は？（長さで測る：クローゼットであればその幅）
- 友達や両親はどれくらい呼ぶか

好き嫌い・得意と苦手

- 料理は好き？　嫌い？
- 片付けは好き？　嫌い？
- 掃除は好き？　嫌い？
- 部屋に物が多い？　少ない？　どんな状態が好き？
- インテリアを考えることは好き？
- 庭は好き？　どんなふうに庭を使う？
- 自ら決断するのが得意？
- 夫婦それぞれの関心のあること・ないこと
- お酒は好き？

趣味と仕事

- 仕事／趣味は、家でするか
- 仕事／趣味専用の部屋がほしいか
- 仕事／趣味で使う道具はどんなものか

これまでの住まい

- 実家の暮らしでよかったこと／悪かったこと
- 今の住まいで困っていること／助かっていること

ノートを開いて、
価値観を整理してみよう。

家づくりは、チーム戦

「施主」としての役割を果たそう

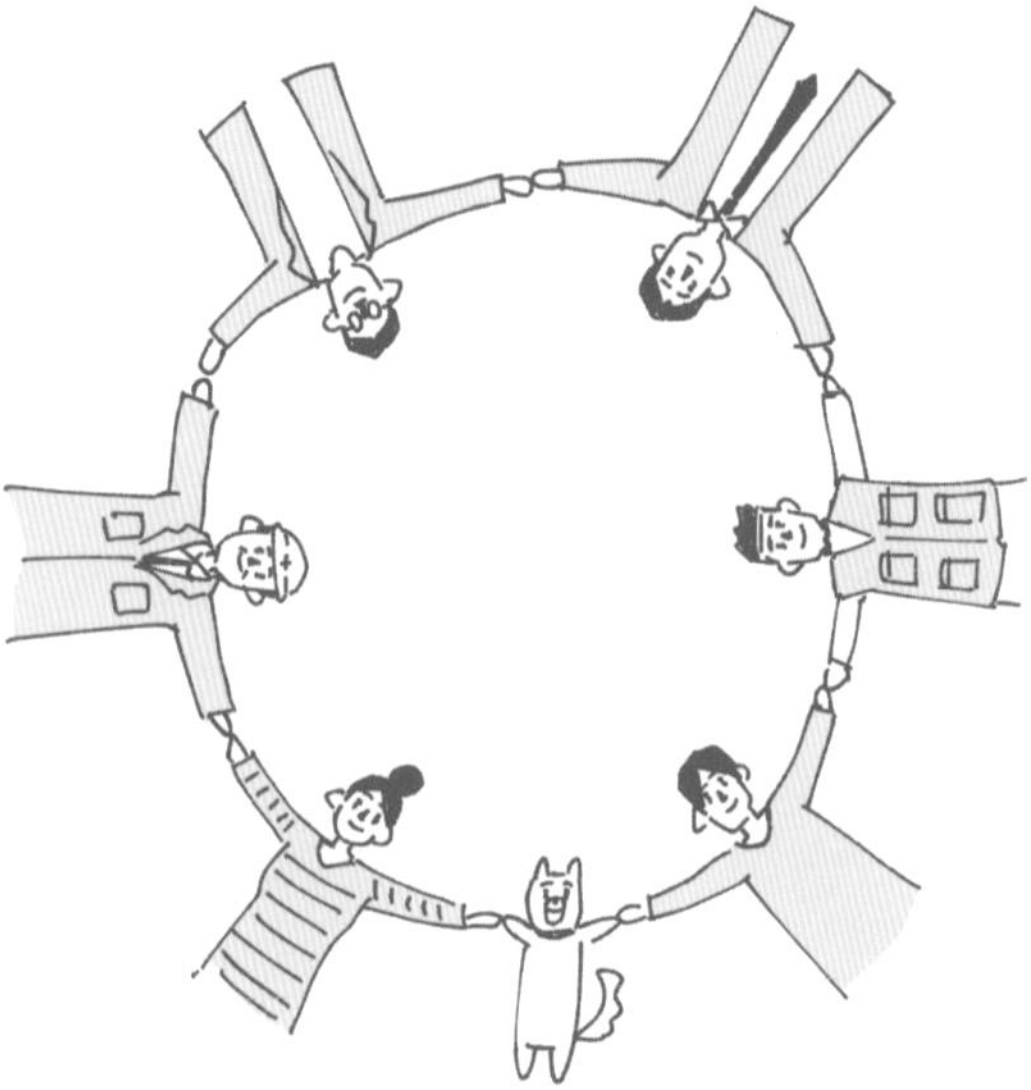

私が担当した施主の方々の中には、間取りを自分で描いてきて「この通りにつくってください」という人がいました。間取りの設計は、構造、性能、予算、法規まであらゆる要素が複雑に絡んでくるため、素人ではできません。

施主がすべきなのは、**「自分の求める暮らし」と「優先順位」をできるだけ具体的に設計者に伝えること**です。

注文住宅の設計は、自らのウェブサイトをつくるのに似ています。テンプレートを使わずにサイトを立ち上げるなら、プログラミングの知識が不可欠であり、それがないなら専門家に発注することになります。そして依頼の際には、情報発信、集客、物販といった目的を伝え、そのための構造やデザインの提案を受けるはずです。

注文住宅も同じで、**間取りを含めた設計を提案するのはプロの仕事、目的とする理想の暮らしを提示するのが施主の仕事**と、役割分担があるのです。

家づくりは、チーム戦。任せるべき部分はプロに一任し、自分の役目を果たすのに集中しましょう。

施主がやるべき仕事とは

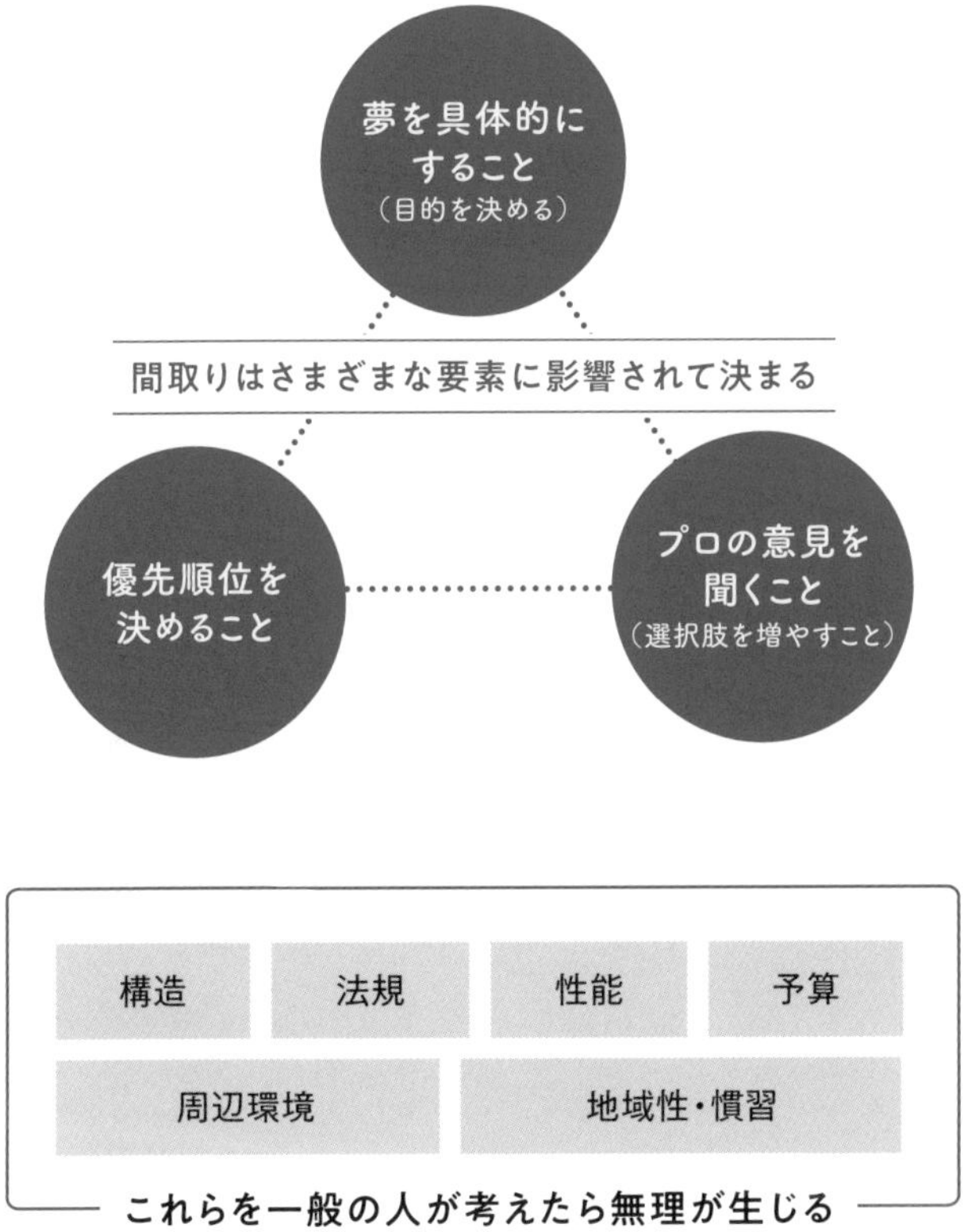
夢を具体的にすること
（目的を決める）
間取りはさまざまな要素に影響されて決まる
優先順位を決めること
プロの意見を聞くこと
（選択肢を増やすこと）
構造
法規
性能
予算
周辺環境
地域性・慣習
これらを一般の人が考えたら無理が生じる

「ゴール＝どう暮らしたいか」がいちばん重要

それまでの道のりを案内するのが「設計者」の役目

理想の暮らしを見つけ、
優先順位をつけることに専念しよう。

「隣の芝生」に惑わされない

メンターを決めれば基準づくりがラクになる

家づくりの参考にと情報を集めすぎると、それがマイナスに作用しがちです。リビングはこの感じ、キッチンは、コンセントの位置は……あらゆる要素を調べ上げ、全部100点をとろうとすれば、お金と時間がいくらあっても足りません。なぜなら、冒頭で述べた通り**すべてを満たす完璧な家など存在しない**からです。**「隣の芝生は、青く見える」**もの。

本来は、「自分にぴったりの家」を建てるのが目的ですから、正解は結局自分の中にしかありません。

とはいえ最初の何もわからない状態では、基準を持つのも難しいはず。そんな際には**自分と価値観を同じくする「メンター」を探し、基準づくりの助けとしましょう。**

メンターを選ぶ際には、**「読者や視聴者の問題解決のために情報を提供している発信者」**を探します。コメント欄や評価欄を見れば、その発信者の情報が有益かどうか、ある程度つかめます。そこから先は、相性の問題。自分がもっとも納得できる話をしている人をメンターとしましょう。

おすすめのYouTubeチャンネル

温熱環境・パッシブデザイン（断熱・気密）

- 『兵庫、大阪で高断熱高気密住宅専門の建築家集団　松尾設計室』
- 『高性能な家づくりチャンネル』

構造（耐震性）

- 『「構造塾」木造住宅の耐震性能を本気で考える！』

建築計画（間取り・デザイン・外構など）

- 『「家づくりの知識」オガスタ新潟の社長チャンネル』
- 『兵庫・姫路の工務店モリシタ・アット・ホーム』

建築と不動産の総合的な知識

- 『ラクジュ建築と不動産』

住宅の維持管理と修繕

- 『【公式】さくら事務所』

インテリア・DIY

- 『クリエイティブの裏側』
- 『DIY MAGAZINE』

施主の体験記

- 『素人のイイ家作り探求ch』

POINT

◆ 複数のメンターを設定してしまうと、主張が異なった際に混乱するので、一分野につきひとりに絞るのがおすすめ

◆ 広告報酬やアフィリエイト、他社への紹介など、ウェブサイト自体での収益を目的とする発信者はあまりおすすめできない

※チャンネル名は、2021年6月時点のもの

「発信者の目的・ミッション」に注目してみよう。

親の意見は聞くべきか？

住み手の価値観を最優先にしよう

家づくりに影響を与える、もっとも身近な存在といえるのが、両親です。

特に資金援助を受けている際などは、「両親の方針に従う」という施主の方がよくいます。もちろん、一度家づくりを経験し、かつ親身になって考えてくれる両親の意見というのは貴重であり、耳を傾けるべきものです。

そうして「聞く」分には心強いのですが、両親のいうことに「従う」となると、話が違ってきます。

両親のアドバイスのほとんどは、きっと自分が家を建てた経験をもととするものです。ただ、家づくりのあり方は、時代とともにどんどん変化し、最新技術も生まれています。両親の時代とは、常識が違う部分がたくさんあるというのは、理解しておくべきです。

また、家づくりの目的は、**あくまで住み手が幸せに暮らせること**にあります。自らの理想の暮らしをデザインできるのは、自分たちだけです。

両親のいうことに無条件に従うようなことはせず、あくまで参考のひとつと考えておきましょう。

アドバイスを「聞く」はOK、「従う」はNG

よくあるケース

「資金援助をしてくれている両親に
間取りを見せたら反対された……」

「両親に、家相がよくないといわれた……」

聞く	従う
○	×

「住み手」の先輩である両親に、生活の知恵、後悔ポイントなどは、インタビューしておいて損はない。
しかし、両親はあくまで「過去」に基づいた話が多いはず。

POINT

- 意見は広く聞いて、いいとこどりをする
- 過去ではなく、「自分たちの暮らし」の未来を考える
- 家相は科学的根拠がないものも多い
（「家相を守ること＝ほしい暮らし」なら、問題なし）

**大切なのは、住み手の未来の暮らし。
まわりの意見は聞くだけでOK。**

ゴール設定と役割分担をしよう

二人三脚の家づくり

注文住宅の家づくりは、果てしない選択の連続です。時間がかかり、体力は削られ、判断力は落ち、不安が続く日もあるかもしれません。

そうなると、家族や夫婦の間ですれ違いが起き、ときにけんかの原因ともなります。実際に私は、そうして家づくりどころではなくなってしまうケースをいくつも見てきました。

共通認識として持っておくべきは、**注文住宅の家づくりには想像を超える労力がかかり、それを協力して乗り越える覚悟を持つ**必要があるということです。

そのうえで、家族や夫婦が仲違いせずスムーズに家づくりを進めるためのコツを挙げましょう。

まず、自分たちがほしい暮らしを共通のゴールに据え、そのうえで**「何を優先するか」をあらかじめ決めておくこと**。そうして行く先と行く道を揃えておくと、意見の衝突が減ります。また、**夫婦なら「夫が性能とリビング」「妻がデザインと水まわり」などのように、役割分担をしておくと**、それぞれの役割をこなすのに専念でき、うまく家づくりを進めていけるはずです。

家族で協力して「家づくり」をするには

ゴールが決まれば、迷いにくい

「ほしい暮らし」＋「予算配分」のゴールも決めるといい

❶スケルトン（建物を支える構造躯体）←こちらにお金をかけるのがポイント！

❷インフィル（住戸内の間取りや内装・設備）←二の次でいい

⬇

今後の建物の資産価値や快適性を決めるのは、「建物の外身の部分」だから。「インフィル」は変えられるが、「スケルトン」は更新や修繕が大変なところ。だからこそ長持ちするように、できる限り丈夫につくっておく。

家族（夫婦）で役割分担

例 夫が性能、リビング担当
妻がデザイン、水まわり担当など

注：「独占権」ではなく「主導権」のイメージ

家づくりは、パートナーシップが表面化する。打ち合わせがスムーズに楽しく進む場合は、役割分担がうまくできている傾向。

《補足》
提案する姿勢の強い会社を選ぶのも大切
契約前（＝設計を依頼する前）に確認

協力しやすい仕組みを
あらかじめつくっておこう。

100年住み続けられる、家をつくる

適切な手入れをして、次世代に引き継げる家を

現在、日本の住宅の多くは質が低く、資産価値が残りにくいことを知っているでしょうか。

これは、高度経済成長期に住宅が足りなくなり、「とにかく数を供給せよ」と質より量を重んじた政策をとったのが尾を引いた結果です。そして日本の住宅は、「スクラップアンドビルド」が常識となり、世代を超えて長く住んだり、資産として残したりといった、欧米ではあたりまえの発想が失われてしまいました。

実は住宅は、適切なメンテナンスを行えば60年以上、ときに100年も住み続けられます。しかしそうした建物の寿命とは別に、「家族構成や生活スタイルが変わった」という理由で、30年ほどで解体されてしまうケースがよくあります。

注文住宅を建てるなら、将来の生活の変化に合わせて使い方を変えられるようにしておくといいでしょう。たとえば部屋の用途を限定せず、最初は子ども部屋、子どもたちが巣立ったら書斎というように、可変的に使えるようにする、など。**末永く住み、次世代へと引き継げる、「社会的長寿の家」を目指しましょう。**

日本はいい中古住宅が少ない？

現状

日本の住宅は質が低く、資産価値が残りにくい
（経済成長→人口が増える→住宅不足→
とりあえず家をつくる→量を優先した結果、質の低下）

本来、住宅の平均寿命は65年

↓

**適切にメンテナンスを続ければ、
住宅は60年以上、住むことができる**

引用:論文「建物の平均寿命実態調査」(2013年1月) 早稲田大学 小松幸夫

**「家の寿命は30年」と
聞いたことがあるけど……？**

↓

- これは、あくまで「取り壊された住宅の平均築年数」
（つまりまだまだ使えるのに壊されたものも含まれている）

新築は環境負荷が大きく、家庭部門のCO_2排出量も大きい

POINT

- 可変性の高い家＝住む家族が自由に間取りや使い方を変更していけることが重要

「いい家づくり」は、
地球の未来への思いやり。

CHAPTER

2

土地とお金のいい関係

（コスト編）

土地探しの3つのポイント

土地を決める前に住宅会社を決めておく

家を建てるには、当然ながら土地が必要です。注文住宅だと、基本的には自ら土地を用意しなければなりません。家を建てるのに加え、「土地探し」もまた多くの人にとって初めての経験となり、苦労することのひとつといえます。

土地を検討するにあたり、特にチェックしておくべきポイントは、**「価格は適正か」「敷地に問題はないか」「ハザードマップにかかっていないか」の3つ**です。

また、土地を探す段階で、トータルの予算感を把握するのが大切です。建売のチラシを見て「このくらいだろう」と見当をつけるようなおおざっぱなやり方だと、必ず予算が大きくオーバーします。

土地の検討の前に行ってほしいのが、住宅会社を決めることです。

住宅会社は、建物の予算を見積もってくれるとともに、敷地が宅地として問題ないか判断をしてくれます。また、住宅ローンの本申し込みに建物工事請負契約書が必要なケースもあります。そうして建物と土地の総額を算出したうえで、正確な資金計画をつくると安心です。

3つのポイントをチェック

①価格は適正か

- 相続税路線価のチェック
- 全国地価マップ（ウェブサイト）を使う
- 相続税路線価と実勢価格について（0.8で割戻し）
- 販売価格と大きくかけ離れていなければOK

②敷地に問題はないか

- まずは設計・建設依頼予定の会社に相談（一般人の目や知識では調査しきれない）→詳細はプロに任せる
- プロはどこを見ているか？（例：電気水道ガスなどのインフラ、境界、法規の確認、施工計画、地盤：隣地建物のひび割れや工作物の傾き、隣地建物の位置・形状・窓の位置など、騒音、その他周辺環境）
- 接道要件（公道・私道）
- 擁壁の有無・状態（建築コストがかなり変わってくる）
- 簡易的な地盤の確認（基礎補強・地盤改良の場合コスト変わってくる。会社に相談）

③ハザードマップにかかっていないか

- 都道府県または市町村のサイトから検索できる（ハザードマップ）
- 洪水、土砂、高潮、津波、崖崩れ
- ハザードエリア内は、基本的に買うべきではない（資産価値落ちる）

宅地として問題ない土地か、
見極めよう。

売れ残りの土地は、買ってはいけない？

ほしい暮らしが実現できるなら大きなチャンス

土地の値段は、少しの違いで大きく変わるもの。たとえば同じ町内でも、駅に近いほど高くなりがちですし、土地の形が整っていないと割安になります。

そうした細かな要件が積み重なり、「人気の土地」と「売れ残る土地」が出てくるわけですが、**売れ残っているからといって「悪い土地」とは限りません。**

家づくりと同じで、土地もまた「そこで幸せに暮らす」ことが目的です。**ほしい暮らしが実現できる土地が売れ残っているなら、大きなチャンスなのです。**

一般的に不人気である「駅から遠い土地」は、電車を利用しない人にとっては無関係です。目の前の道路が狭くとも、建物の配置や外構次第で出入りのスペースを広げられます。狭い敷地であっても、2階にリビングを配するなど設計上の工夫で十分豊かに暮らせます。

売れ残りの土地を「割安な土地」に変えるには、土地に対してどんな建物がつくれるかというプランも含めて検討する必要があり、やはり土地探しの前に住宅会社を決めておくのがおすすめです。

「人気がない土地＝悪い土地」ではない

一般的に人気が低い土地と対策

- 駅からかなり離れている
  ➡電車を利用しない家族にとっては無関係
- 敷地の形が整形でない（三角形、台形、旗竿地）
  ➡個性的な庭をつくることができる
- 前面道路が狭い
  ➡駐車のしにくさ：建物配置や外構計画で工夫すれば解消できる
  ※施工計画（レッカー、生コン車など重機が入れるかなど）は注意
- 敷地が狭い
  ➡2階リビングを検討する（採光、眺望、耐震性が上がる）
- 日当たりが悪い
  ➡2階リビング（同上）
  ➡中庭プランで解決できるかもしれない
- 北道路、東西道路
  ➡ファサード（家の顔）をシンプルにできる

これらの敷地は「割安」で買える分、建物に予算をかけられる

他に土地の魅力を高めるもの

- 政策
- その街の活気や治安
- 視線の抜け、眺望
  公園や街路樹などの緑
  空が見える、星が見える、春に桜が見える、山並みが見えるなど

使い方次第で、
土地のポテンシャルは引き出せる。

注文住宅、いったいいくらで建つ？

大手ハウスメーカーなら3000万〜4000万円

建売住宅よりもコストがかかる、注文住宅。だいたいどれくらいの価格で建つのか、気になるところでしょう（以下で扱う価格は、建物本体価格ではなく、総額のイメージです。**「土地以外にかかるコストすべて」**と思ってください）。

建物面積30坪程度の場合、一般的に**「ローコスト」といわれる注文住宅は、2000〜2500万円**です。この価格帯でも、間取りや外観などは自由度高く選べますが、個人的な感覚でいうと、断熱性や気密性といった性能面をしっかり担保するにはやや心もとない予算です。

2500〜3000万円という価格帯は、大手ハウスメーカーで建てるほどの予算はないけれど、地場の工務店や設計事務所で、それなりの性能の家を建てようとすると必要となる予算といえます。ちなみに、高性能とデザイン性を両立してくれる優良な工務店や設計事務所の家づくりも、ほとんどがこの価格帯で行われます。

そして、大手ハウスメーカーという選択をする場合、価格帯は**3000〜3500万円と、4000万円前後**と2つに大きくわかれており、その付近の金額に着地することが多いようです。

注文住宅の価格の目安

大手住宅メーカー9社の2019年度の1棟平均単価・床面積の散布図

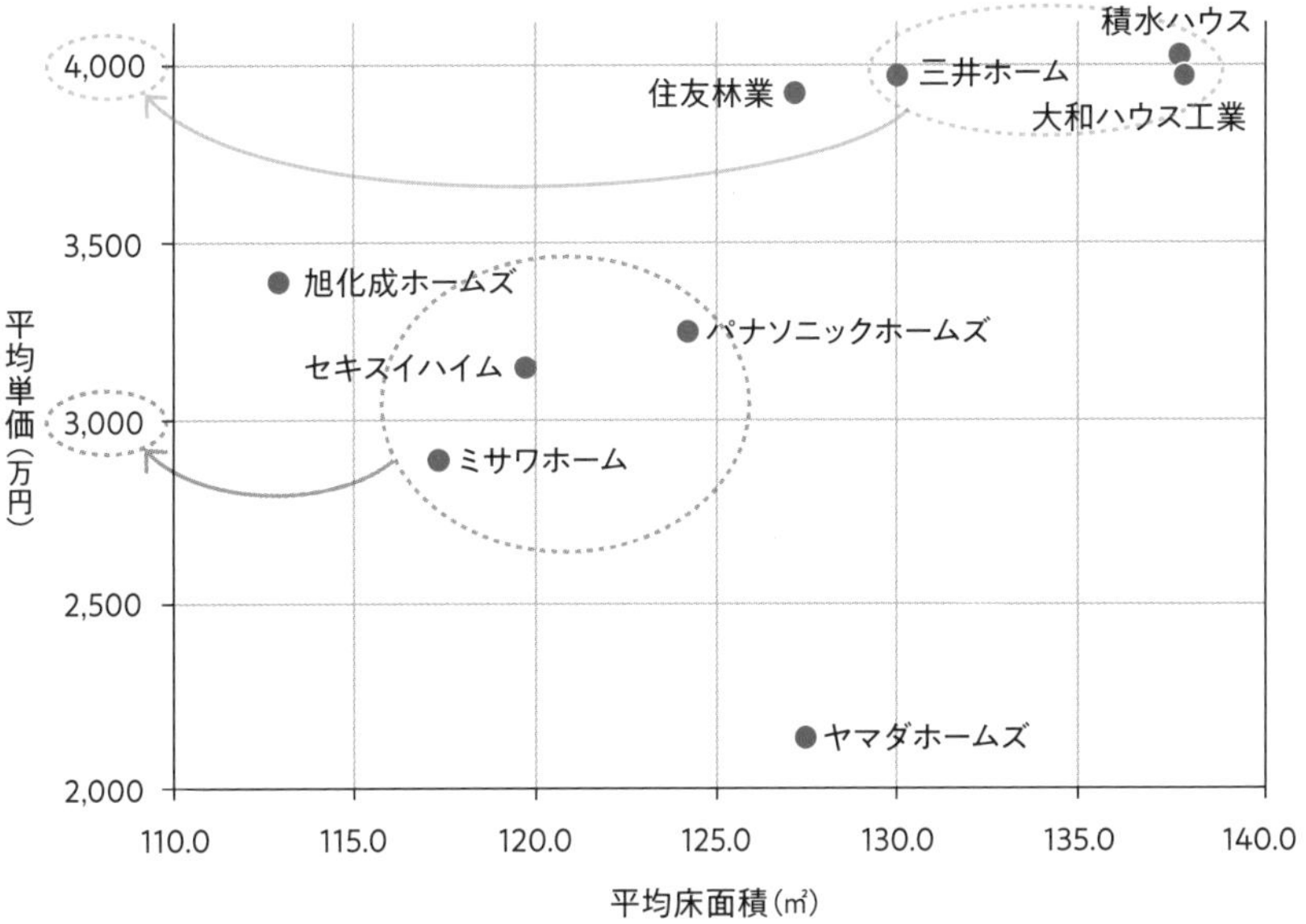

引用:住宅産業新聞社(2020年7月2日)

2,000~2,500万円

ローコスト住宅　間取りや外観は自由に選べるが、性能面は心もとない

2,500~3,000万円

工務店や設計事務所　デザインも性能もある程度こだわり、自由設計できる

3,000~4,000万円

大手ハウスメーカーのボリュームゾーン

依頼先を絞る前に、総予算を話し合おう。

「坪単価」が安いからと飛びつかない

「建築費用の総額」を把握しないと意味がない

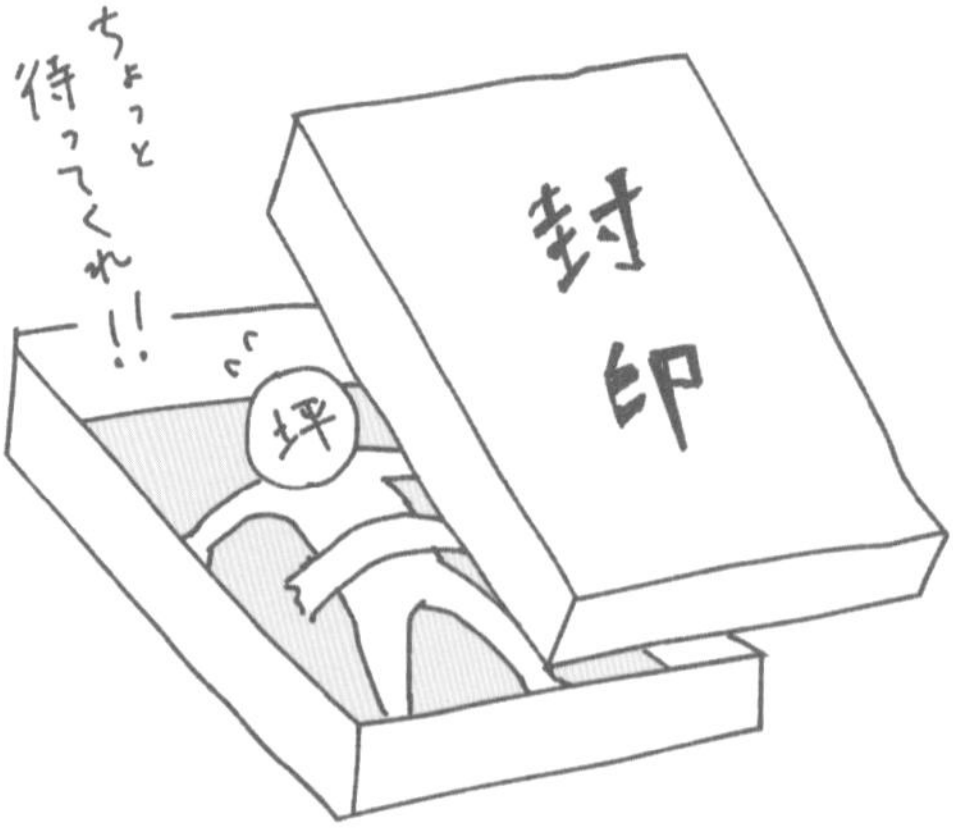

注文住宅の価格の目安としてよく用いられている単位に、「坪単価」があります。

この坪単価、どのように定められているのかといえば、実は明確な定義が存在せず、会社によってまちまちです。

坪単価は「建物本体価格」を示すものですが、たとえばキッチンや照明、ガス工事といった確実に必要な費用を、この本体価格に入れるかどうかは、会社ごとの判断になります。

明らかに必要な要素であっても、坪単価に含めずに済ませれば、価格をかなり下げて見せることができます。そうしたチラシや広告に「安い！」と飛びついて、契約後に何百万円もの別途費用が発生するのを知ったとしたら、どうでしょう。実際にこうしたトラブルは、あとを絶ちません。

建物の費用を考える場合には、**「坪単価」ではなく、「建築費用の総額」を把握しなければ、意味がありません。**本体価格と、必要な付帯工事を含めた総額を、必ず確認するようにしましょう。

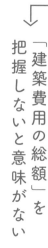

なぜ「坪単価」は比較材料にならない？

~~「（坪単価）×（坪数）」で家が建つ~~

勘違いしている人が多い

なぜ？

会社によって坪単価に含むものがバラバラだから
（明確な定義がない）

キッチンや照明、ガス工事など、建物ではないが建物に付属するもの。これらを坪単価の計算のもととなる「建物本体価格」に参入するかどうかは明確な決まりはない。
つまり、「故意に要素を抜いて」計算することが可能

↓

これを悪用して、「坪単価」を安く見せて営業する手法がある

（パッと見は安い印象だが、契約後のトラブルにつながる）

「単価」ではなく「総額」を把握しないと意味がない!

「建築費用の総額」＝（建物本体価格）＋（付帯工事）

で見る

「建築費用の総額」がいくらになるかを把握しよう。

「予算オーバー」撲滅のためのざっくり計算式

土地代＋8〜10％の諸経費、建物代は1・5倍＋消費税

家づくりのための費用は、大きく「土地」と「建物」にわかれます。土地に関しては、土地の代金以外にも、仲介手数料や移転登記費用、印紙代、固定資産税の精算などの費用が発生します。土地自体は非課税ですが、諸経費には税がかかってきます。**目安としては、土地代の8〜10％の諸経費が発生する**と考えておくといいでしょう。

建物は、本体価格に加え、建物付帯工事費用、諸費用、さらに消費税も数百万円の額になります。大まかな目安として、**本体価格の1・5倍に消費税を足した金額を建物の総予算と想定する**といいと思います。たとえば、1500万円の土地に、2000万円の家を建てるなら、土地代に経費が乗って1620万円。建物は経費込みで本体価格の1・5倍で3000万円＋消費税。トータル4920万円まで膨れていきます。

なお、実際に現金がいるタイミングとしては、**売買契約の段階で手付金と仲介手数料の半分を支払うことが一般的**です。この時点ではローンが下りておらず、支払いは自己資金で賄うか、金融機関のつなぎ融資や分割融資を利用することになります。

総予算のおおまかな計算式

これだけで家が建つ？ NG

本体価格（本体工事費）×1.5倍

例 2,000万円×1.5＝3,000万円＋税 ← 重要

総予算（土地、工事費以外）
付帯工事（外構、照明、ガス工事、カーテンなど）
設計料（申請費など）
登記、水道分担金
引越し費、火災保険、家具家電費
住宅ローン手数料・金利

土地から購入の場合は
これに
土地代＋諸経費（8〜10％）

1,500万円の土地＋
2,000万円の家を建てる
3,500万円あればいい ✕

土地代1,500万円＋経費120万円
＝1,620万円
建物代2,000万円×経費1.5倍
＝3,000万円＋税300万円

総予算 4,920万円

現金が必要なタイミング

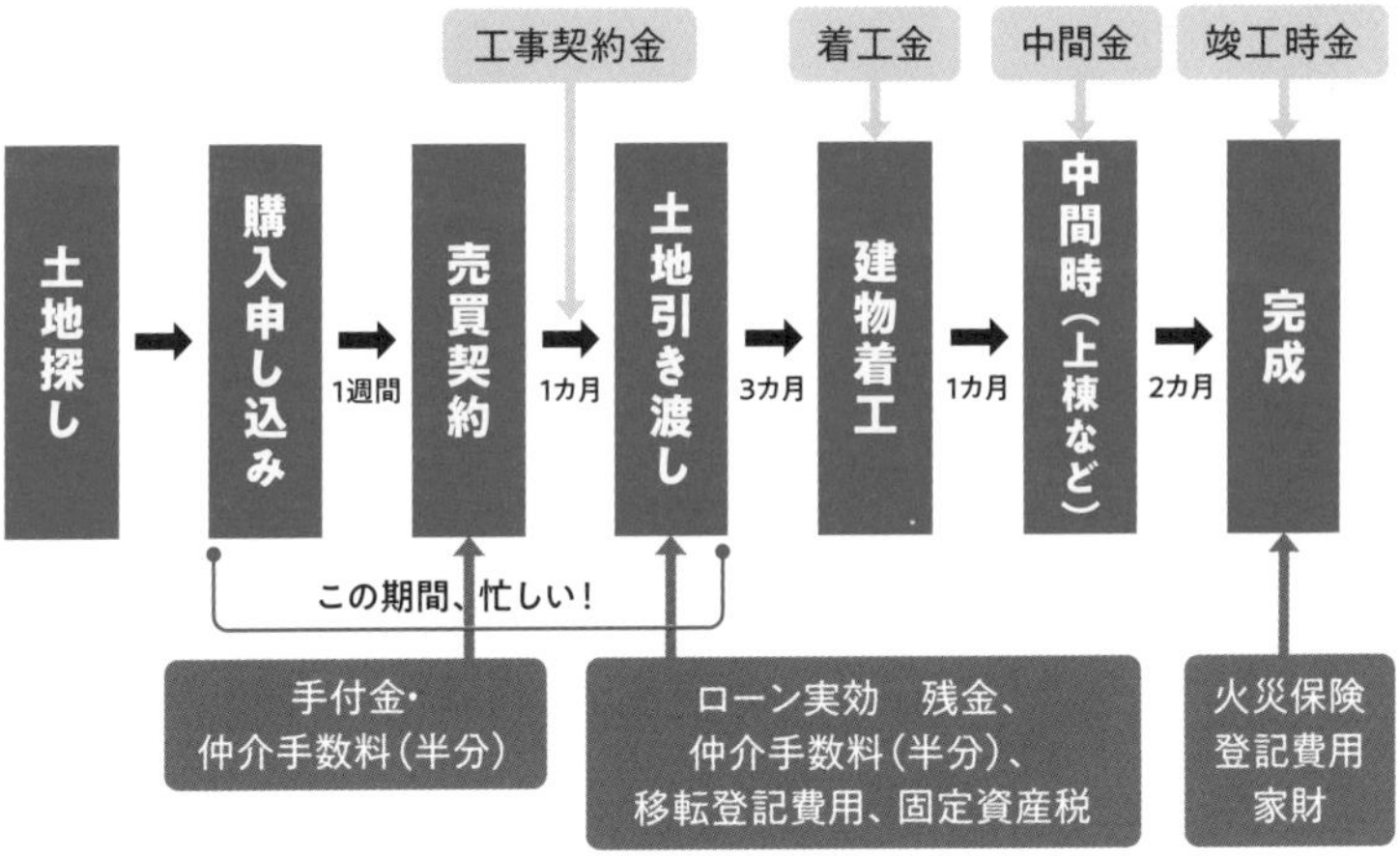

**総予算とスケジュールを見て、
ローン計画を立てよう。**

家具の予算を、とっておく

坪あたり5～7万円の予算で、末永く使えるものを

100年座っても大丈夫じゃ

家づくりの検討に入ると、あとまわしになりがちなのが「家具」です。予算はとにかく家や土地にまわし、家具を検討する頃にはほぼ底をついていて「安いものでいいか」と妥協する……。そんなパターンが多いようです。

個人的には、家具は生活の質を上げてくれる大切な「家の一部」であると考えており、できるだけ質の高いものを揃えるのがおすすめです。

具体的な予算としては、**坪あたり5～7万円とっておくと、きっと質の高い家具が買える**と思います。

上質な家具というのは、使い心地がよくて美しいだけではなく、末永く使うことを考えてメンテナンスがしやすくなっています。資産価値も高く、たとえばデンマークのカールハンセンアンドサン社が製造する椅子、通称「Yチェア」は、新品で9万円前後ですが、中古になっても7～9万円の値段で売買されています。

安い家具を使い捨てるのは、地球環境にもマイナスです。あきのこないデザインの名作家具を揃え、日々慈しみながら暮らしていくのはどうでしょう。

いい家具の見極め方

家具も家の一部 ➡ **できるだけ質のいいものを**

（とりあえずで買って数年で使い捨ては環境負荷も高い）

具体的にどんなところを見たらいいの？

- 素材 ➡ 自然素材を使っている（天然木、本皮、ラタン、竹など）
- 構造（接合部などの耐久性） ➡ 接合部に釘やビスを使わない、合理的で美しい接合部
- 仕上げ ➡ オイルフィニッシュ・ソープフィニッシュがおすすめ
（デメリット：濡れたコップなどを置くと輪染みができやすい）
- デザイン ➡ あきのこないシンプルなもの

予算の目安（すべての家具を新調する場合）

- 坪あたり5～7万円が理想
- 30坪の建物なら、最低150万円、望ましいのは200万円以上

ほとんどの人が「住宅プロジェクト」に家具の予算を入れていない！

内訳

- LDK100万円～
（ダイニングテーブル、チェア、ソファ、テーブル、テレビボードなど）
- 寝室30万円～
（ベッド、寝具）→寝具に投資すると、睡眠の質が上がる
- その他20万円～
（デスク、シェルフ、スツールなど）

いい家具とは
・使い心地がいい
・一生もの ・普遍的
・メンテナンスがラク
・資産価値がある

家を建てるからこそ、
資産としての家具選びを。

外構の予算を、とっておく

建物本体価格の10%は確保しておこう

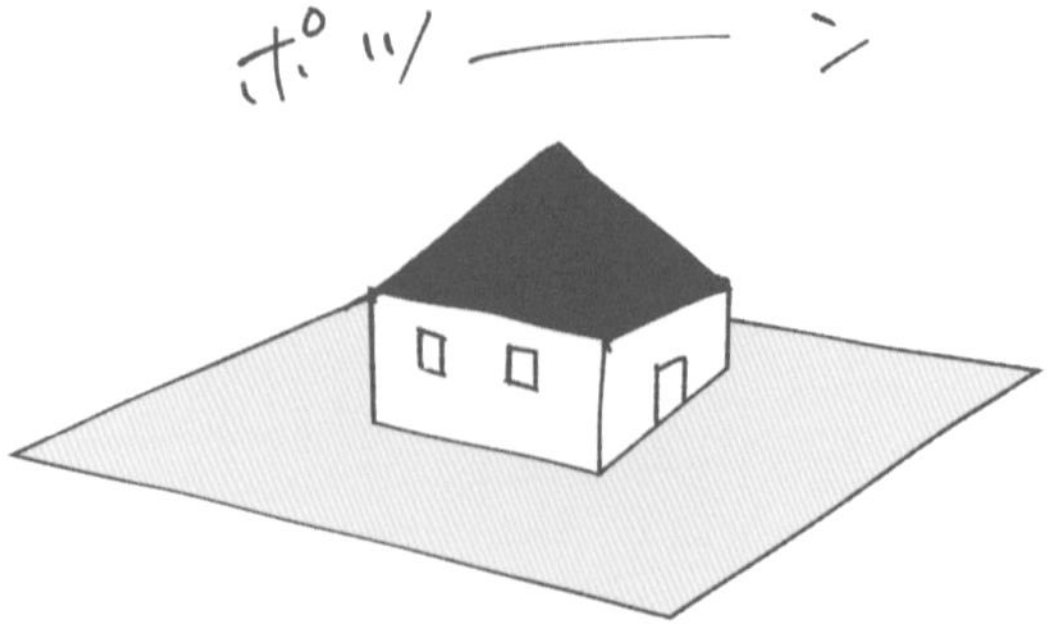

庭や植栽、塀と門、車庫など、建物のまわりに設ける「外構」も、あとまわしになりがちなポイントのひとつです。まずは家の間取りや内装に予算をまわし、余ったお金で外構をつくればいい。そう考えていると、後悔する可能性が高いです。

住宅会社というのは、基本的には建物を売る会社です。外構をセットで手掛け、提案してくれる会社は、あまりありません。その理由のひとつが、「儲からない」から。それよりも、家自体にお金をかけてほしいので、資金計画の際にも「とりあえず外構代80万円ほどで見積もりに入れておきますね」などと適当に済ませる会社がほとんどです。

数十万円では、かなり貧相な外構になります。「こんなはずでは……」と後悔しても、予算が残っていなければあとの祭です。

そうならないためにも、外構の予算として**最低でも建物本体価格の7～8%、できれば10%を確保**しておきましょう。また、外構を同時に提案できる住宅会社を探しておくと、きちんと相談に乗ってくれるはずです。

外構予算の闇!?

- 住宅会社は基本的に「住宅」という「建物」を売る会社
- 外構も同時に提案・請け負う会社は少ない（なぜなら外構は住宅会社からすると利幅が小さく儲からないから）

よくあるケース

営業「とりあえず資金計画に外構代80万円だけ入れておきますね～」

施主「はい」（よくわかっていない。建物のことで頭がいっぱい）

↓

家が完成、引き渡し間際になってようやく外構プランの話に
外部会社に見積もり依頼

↓

施主「え、80万円だと、こんなことしかできないの!?」

予算の目安（一般的な庭つき一戸建て）

- 建物本体価格の7～8%は最低でも確保
（駐車場2台ほど）
- 推奨は10%
（ウッドデッキや目隠し、庭木もふんだんに使えてかなり佇まいもよくなる予算帯）

例 工事費2,000万円であれば、
最低150万円、推奨200万円

注 カーポートやガレージが入ると
これより数十万円単位で高くなる

外構も家の一部。
早めにプランニングをしよう。

「今の家賃で、家が建ちます」の落とし穴

メンテナンス費用は一生かかるもの

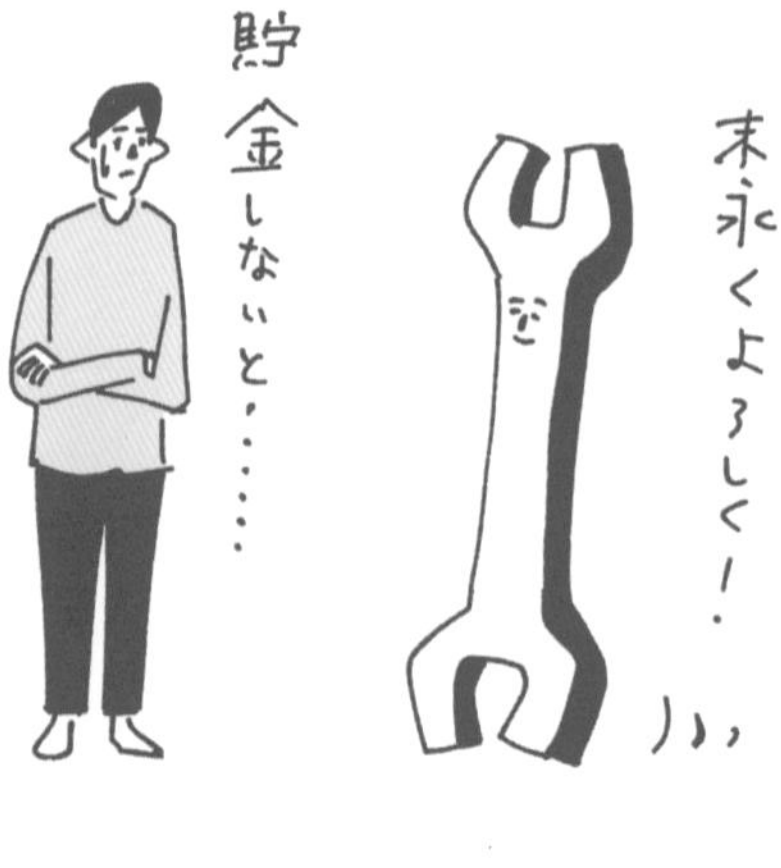
末永くよろしく！
貯金しないと……

住宅会社の営業トークとしてよくあるのが「今住んでいるところの家賃と、月々同じお支払いで、家が建ちます」というものです。

確かに同じ金額を払うなら、ただ消えていく家賃よりも、家という資産が残る住宅ローンのほうがよさそうに思えますが、実はこの営業トークには、大きな落とし穴が潜んでいます。

家に住み続ければ必ず発生する費用……すなわちメンテナンス費用が無視されている場合がほとんどなのです。

参考として、**一般的な耐久性を持つ建売住宅を例に挙げるなら、30年で約８５０万円のメンテナンス費用がかかるとされます。**これを分割すると、月に約２万３０００円を積み立てる計算です。

ある日突然、家の修繕が必要になった際に、スピーディに工事を終わらせるためにも、積み立てておくといいでしょう。**なお、メンテナンスコストは、家を建てる際に耐久性の高い部材を選んだり、仕様を強くしたりすることで、ある程度抑えることができます。**

メンテナンススケジュールと費用の内訳例

	0	5	10	15	20	25	30	35	40	45	50年
防蟻		15	15	15	15	15	15	15	15	15	15万円
外壁 屋根		だいたい15年のスパンでまとまったコストが発生しやすい		125 再塗装			420 壁張替え 屋根葺替え サッシ・樋交換	30年がひとつの節目 外装がかなり痛んでくる		125 再塗装	
防水		陸屋根、バルコニーなければ不要		10 バルコニー			10 バルコニー			10 バルコニー	
設備				23 給湯器			23 給湯器			23 給湯器	
				10 便座			60 キッチン			10 便座	
							70 ユニットバス	＋照明、エアコンなど			
							20 便座				
							15 洗面				

引用：YouTube【公式】さくら事務所

戸建住宅の場合　※一般的な耐久性を持つ建売住宅を想定

30年間で850万円の修繕・メンテナンス費用がかかるとされている

↓

850万円÷30年（360カ月）≒23,000円／月 の積み立てが必要

建物仕様の前提条件について

- 外壁：14～16㎜の窯業系サイディング
- 屋根：スレート葺き
- 面積：約30坪程度、総2階
- 構造：木造2階建て

※あくまで目安です。会社選びの前に知っておいてほしい事実として。

どんなに高耐久な家でも、
修繕費は必ず発生する。

賢い初期投資で家の維持費を抑える

メンテナンスコストを最小限にする方法

家に住み続ければ必ず発生するのが、**メンテナンス費用やランニングコスト（維持費用）です。それをうまく抑えるには、家づくりの段階から「仕込み」を行うといいでしょう。**

たとえば、やや高価でも耐久性のある部材を選択すれば、イニシャルコスト（初期費用）こそかかりますが、長い目で見れば安く済むケースもあります。また、バルコニーや屋上、ベランダといった防水のメンテナンスが必要となる仕様の採用を控えたり、エアコンや給湯器などの設備の数を減らしたりすることでも、ランニングコストが抑えられます。

なお、どんな住宅でも、10年〜15年頃に小さな不具合や修繕箇所が出てくるものですが、そこで**「お金がかかるし、今は直さなくてもいいか」と先延ばしにするのは、最悪の選択**です。

雨漏りや壁のひび割れ、柱の腐敗といった重大なトラブルは、小さな不具合の積み重ねによって起きるもの。些細に思える不具合でも、修繕を先延ばしにするほど大きな問題が発生しやすくなると考えておくべきです。

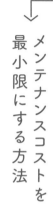

初期投資の具体例

外壁	● もっとも一般的な窯業系サイディングは、10〜15年ごとのサイディングの塗り替え＋目地のシーリングの打ち直しが必要 ● ガルバリウム鋼板であれば、20年〜25年と、かなり高耐久な商品もある（外壁のメンテナンスには「足場」が必要なので、この足場代もコストとしてきいてくる。平屋は除く） ● 窯業系サイディング＜ガルバリウム鋼板（採用コストはガルバリウムのほうが1.2〜1.5倍程度高い）
屋根	スレート葺き＜瓦（採用コストは瓦のほうが1.5〜2倍以上高い）
防水	ベランダ、バルコニー、屋上をなくす
設備	なるべく設備の数を最小限にする（エアコン・給湯・便器など）

雨漏りを放置するとどうなる？

❶ 外壁の再塗装を怠ると、表面の防水塗膜がはがれたり、薄くなったりする

❷ すると、ひび割れや染み込みの原因になる

❸ 外壁の中に雨水が侵入

❹ 雨水を放置すると、断熱材や躯体が腐ったり、カビたりする

❺ 湿気が多くなりシロアリが侵入

先延ばしがいちばんよくない

大きな不具合は、小さな不具合の放置から始まる。

太陽光発電は得する？損する？

損する可能性は低く、地球環境にもやさしい

私の結論から先にいいましょう。太陽光発電パネルは、「載せないと損」です。なぜなら、**太陽光発電のリターンはかなり正確に計算でき、損をする可能性が極めて低いからです。**

太陽光発電でつくった電力は、経済産業省が再生可能エネルギー普及の一環として行っている「固定価格買取制度」により、10年間（10ｋＷ未満の場合）、同じ価格で国が買いとることが保証されています。詳しくは次ページに示しますが、住宅に太陽光パネルを載せる場合、だいたい４ｋＷサイズの採用が多く、仮に導入のコスト**を１２０万円としても、約10年で回収できる計算です。**そこからは無料で電気を使え、さらなる売電で利益も上がります。

お金以外にも、災害時にも電気が使えたり、地球環境にやさしかったりと、いくつものメリットがあります。

一方のデメリットとしては、やはり初期投資がかさむのと、パネルの異常・施工不良などによる火災のリスクがわずかにあること。それを加味してもメリットのほうがはるかに大きいと、私は思います。

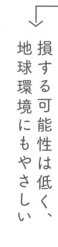

太陽光発電のリターンシミュレーション

リターンの試算

- 太陽光パネル　載せる場合、だいたい4kWくらいを載せることが多い
- 1kWあたり年間で1279kWh発電することができる(※兵庫県の平均)
- 4kW×1279kWh＝5116kWh
  - そのうち、売電(全体の70%)＝3501kWh
  - そのうち、自家消費(全体の30%)＝1615kWh
  - この70%と30%の比率は、「太陽光発電総合情報」による調査によるもの

利益の計算

- 売電　3501kWh×19円(売電価格)＝66,519円…①
- 自家消費　1615kWh×28.4円＝45,866円…②
- ①＋②＝112,385円(1年間の利益)
- ちなみに、ここからわかること➡自家消費率(電気自動車、蓄電池などを活用)を高めれば高めるほど運用効率は上がる
- 売電価格19円＜買取価格28.4円　※19円は2021年度の売電価格

投資回収にどれくらいかかるか?(利まわり)

- 4kWを120万円で購入・設置した場合(太陽光パネル1kWあたり、少し高めに、30万円と想定)
- 1,200,000円÷112,385円＝約10.6年で初期投資回収
- 国(経産省)が定めた「固定価格買取制度」の、売電価格保証期間は10年間(10kW未満の場合→ほとんどの戸建住宅はこの10年間が適用される)
- すなわち、この10年間で回収できることは国によって約束されているようなもの(国家が破綻でもしない限り、損をすることはない)

(太陽光パネル収支計算協力:松尾設計室)

もし最初の10年間で、パネルやパワーコンディショナーが故障したらどうするの?

- 無償で修理・交換を保証しているメーカーもある
- 保証内容も確認してメーカー選びを

お金以外に、災害時の備えや環境面でもメリットが多い。

CHAPTER

3

いい住宅会社の種類と見分け方

（住宅会社選び編）

ハウスメーカー、工務店、設計事務所、結局どこがいい？

最適なパートナーを選ぶ方法

みんな違ってみんないい！

一生に一度の大切な家づくりを、どこに任せればいいのか……。誰もが悩むポイントです。

家づくりを担当するプレーヤーは、玉石混交。高品質の家を割安でつくれる業者がいる一方で、自社の利益を重視して粗悪な家をつくるような業者も、残念ながら存在しています。

幸せに暮らせる家をつくるには、最適なパートナー選びが不可欠です。のちに「運命の出会いだった」と思えるような納得のいく相手を見つけるために、知っておきたいことを解説していきます。

現在、住宅の建設を請け負っているのは、**大きくわけて「ハウスメーカー」「工務店」「設計事務所」の三者**であり、それぞれ特徴があります。

ハウスメーカーは、自社のブランドや営業力により集客を行う「営業会社」の側面が強く、実際の施工は地域の工務店が請け負います。価格は割高ながら、一般的に高耐久で、それなりの品質が担保できます。

工務店は施工のスペシャリストですが、その技術は会社によって大きくばらつきがあり、優良な工務店をいか

三者のビジネスモデルを知ろう

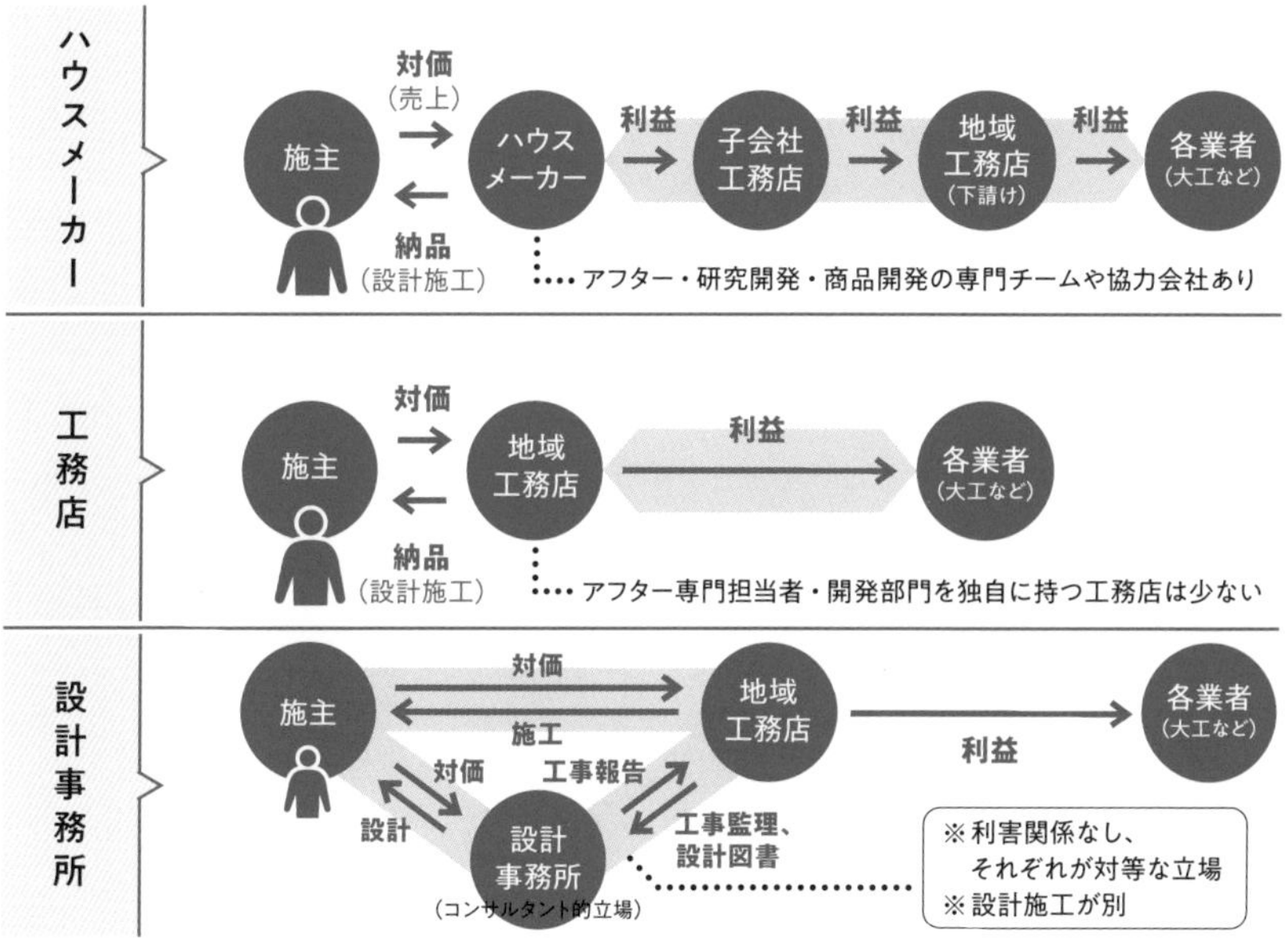

に見つけるかが勝負です。工務店の中でも、依頼を直接こなす「元請け工務店」はレベルが高い傾向があり、技術力とデザイン力を兼ね備えた「スーパー工務店」も存在します。ただし、スーパー工務店は人気が高く、2年待ち3年待ちと、行列ができているケースもよくあります。

ハウスメーカーの下請けをメインに行う「下請け工務店」でも、独自に受注を行うところがあり、値段としてはもっとも安上がりですが、技術力は保証できません。フランチャイズに加盟している工務店もよくありますが、彼らが本部に支払うロイヤリティは結局、施主から出ることになり、値段に跳ね返りがち。技術力にもばらつきがあります。

設計事務所は、施主と工務店の間に入るコンサルタント的な立ち位置であり、デザイン力や提案力に優れますが、工務店単体に比べ、やや値段が高くなりがちです。

ハウスメーカー、工務店、設計事務所それぞれに依頼するメリットとデメリットを、知ったうえで選びましょう。

大手ハウスメーカーのメリット・デメリット

メリット	● 資本力に優れ、倒産しにくい ● 比較的、短納期で建築できる ● レスポンス・アフターサービスが早い ● 知名度やブランド力があり、ステータスを得られる ● 研究開発の部門があり、品質や精度が比較的高い ● 一般的に、高耐久
デメリット	● 高価格 ● 営業が、粘り強い傾向がある ● 商品を型式化している場合が多く、プランや外観の制約が大きい ● 担当者の能力にばらつきがある ● 気密施工・気密測定を行わない会社も多い ● クローズド工法なので、他社ではリフォームしにくい

工務店のメリット・デメリット

メリット	● ハウスメーカーより安く建築できる ● 設計の自由度が高い ● 断熱・気密など性能の高い家づくりが得意なところがある ● オープン工法の会社が多く、大規模なリフォームが容易 ● 地域経済・雇用への貢献
デメリット	● ハウスメーカーより工期がかかりがち ● 倒産リスクがハウスメーカーより高い ● 研究開発部門をほとんど持たない ● よい工務店とそうでない工務店の差が激しい ● 設計力と技術力が両立している工務店は、すでに行列ができていることも

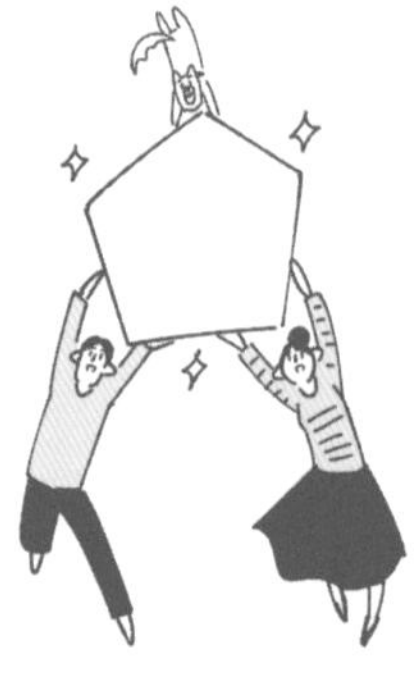

設計事務所のメリット・デメリット

メリット

- 設計監理者（図面と現場の整合をチェックする人）と施工者（工事する人）がわかれ、フラットな目線を持つ
- 価格や品質を第三者の目線でチェックしてくれる
- 設計の自由度が高く、デザイン力や提案力が高い
- 基本的に営業がおらず、営業活動はソフト

デメリット

- 工事費の他に、設計事務所への設計料が発生する
- 設計期間・工事期間が長い
- 小規模事業者が多く、希望に合う設計事務所を見つけるのが難しい
- 施工する工務店のよさを引き出すも殺すも、設計者にかかっている
- モデルハウスなどは持たない場合がほとんど

どの依頼先でも「地域の工務店」が施工する

実は、ハウスメーカーや設計事務所に頼んでも、「地域の工務店」が施工することに変わりはない。その「工務店」にもさまざまある。時間がかかってもいいなら、元請け工務店（スーパー工務店）が狙い目。

大手ハウスメーカーは広告宣伝費が高い!?

たとえば、業界大手の積水ハウスの場合、広告宣伝費は売上比率1.2％ほど。工務店でも5％以上かけているところも。一概にハウスメーカーに頼むと広告宣伝費が上乗せされるとはいえない。

それぞれの得意、不得意を知って、最適なパートナーを決めよう。

何が得意な会社か、見極める

「性能」「デザイン」「コスト」のどこに力を入れているか

ここよさそう！
SHIBA
工務店

家づくりの三大要素である、「性能」「デザイン」「コスト」。**これらすべてをパーフェクトに揃えてくれる業者は、存在しません。**たとえば家の性能を上げたいなら、その分価格も高くなります。デザインを優先すると、性能が犠牲になるケースが多いです。

限られた予算の中で優先順位を決め、それをもっとも得意とする会社を見極めるというのが、「幸せな家づくり」の鉄則です。

「予算がないので、性能はある程度あきらめるけれど、デザインにはこだわりたい」「デザインはシンプルでも、高性能な家がいいので、そこに予算をまわそう」「予算をたっぷりとって、デザインと性能を両立する会社を探す」こうした決断のどれもが、間違いではありません。

方針が決まったら、候補となる会社のホームページやSNSを確認し、自分たちが重視する部分を得意とする会社を探しましょう。ひと目で会社の強みがわからない場合は、広報が苦手な会社かもしれません。その場合、**「何に力を入れている会社なのか」と直接問い合わせてみる**といいでしょう。

優先順位をつけて、パートナーを探す

高性能　低価格　優れたデザイン

すべてを満たす会社は存在しない

なぜ？

性能を上げるためにはコストがかかるから

※未来はわからないが、2021年現在「ユニクロ」のような「安くて高機能」という商品は住宅業界には存在しない

↓

なぜ？

優れたデザインにもコストがかかるから

「設計力」「提案力」が必要、つまり「よい人材」や「指導の外注」が必要

↓

よい人材獲得には高い給与が必要

↓

商品価格に反映される

◎適正価格、性能、デザインを満たす会社は、少ないが存在する

➡しかしその多くは「行列のできる工務店」。
完成が2年後、3年後なんてあたりまえ。

POINT　**予算の中で優先順位をつけてパートナーを決める**

↓ ありうる判断

例 予算がないので、性能はあきらめるけど、デザインはこだわりたい

例 高性能がいいので、資金計画を見直して、予算を増やそう

例 時間がかかってもいいので、デザインと性能を両立する会社を根気よく探そう

会社を決めたら、その会社が「できること」以上のことはできない

よくない例 普段から付加断熱施工をしたことがない工務店に、付加断熱をするように指示する、など。

ほしい暮らし＝叶えてくれる会社を基準に選ぼう。

無料相談所に頼るべき？

メリットとデメリットを知ってから足を運ぶ

注文住宅を建てる際、多くの人が訪れるのが、無料相談所です。一見すると、「無料でパートナーを紹介してくれる」と思いがちですが、実はお金が動いています。**無料相談所の運営コストの多くは、そこに登録している住宅会社から出ています。**無料相談所の紹介によって注文住宅を受注した場合、住宅会社は一般的に3～5％の紹介料を支払います。では、この紹介料はどこから出るのかといえば、家の代金に上乗せされる可能性があります。3000万円の家をつくるなら、100万円以上は余分にかかる計算です。

また、基本的に紹介料を払ってでも受注したい住宅会社が登録していますから、**自分たちで十分集客できたり、少数精鋭で家を建てていたりする優良工務店は、登録していないことがほとんどです。**

メリットとしては、**相談を通じ、自らが望む家の形や暮らし方の「棚卸し」ができる**という点があります。無条件に頼ることはせず、うまく活用してほしいと思います。

住宅無料相談所の仕組み

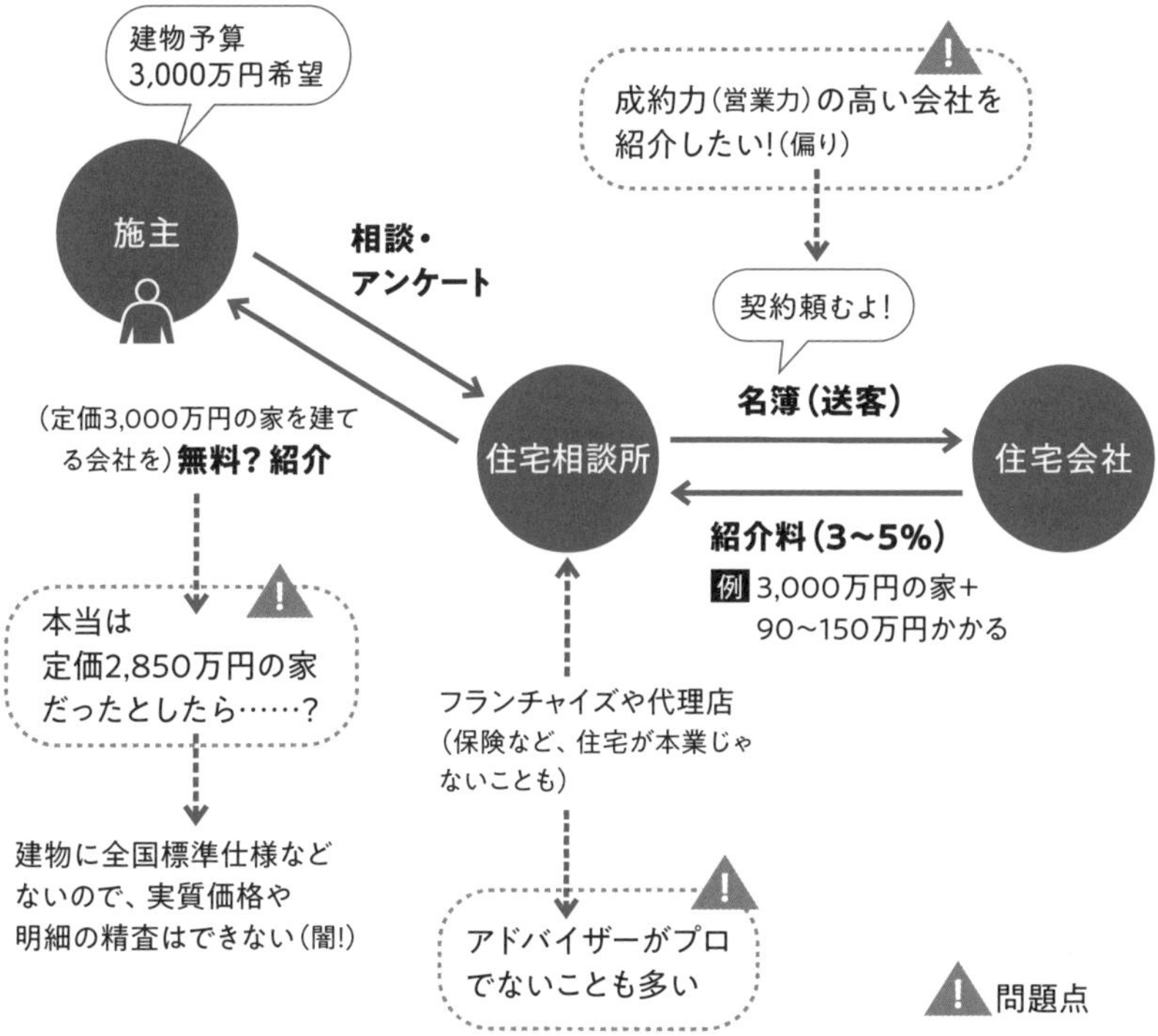

メリット

- アドバイザーと話すことで、「優先順位」がつけられる
- 時間短縮（効率化）につながる

デメリット

- 紹介料の出どころは住宅会社
- 紹介される会社に偏りがある
- アドバイザーがプロでないことも多い

相談所の仕組みを知って、
賢く活用しよう。

かかわってはいけない住宅会社がある

人生最大の買い物、パートナー選びは慎重に

おいでー
おいしいよー
おいでー

住宅会社にはそれぞれ得意不得意があり、自らが望む暮らしや重視する要素によって、最適解が変わってきます。ただ、「こんな会社とはかかわらないほうがいい」という基準なら、個人的にある程度語ることができます。

次の項目が多くあてはまるほど、「かかわってはいけない」会社です。

「社長に魅力がない」「理念がない」「実績が少ない」「担当者が論理的ではない」「見積もりがおおざっぱ」「他社をけなす」。このような会社は避けたほうがいいでしょう。

情報化社会となり、これまで隠されていたようなクレームやトラブルが、あっという間に開示される昨今。粗悪な仕事をしていれば、すぐにそれが明るみに出て、「かかわらないほうがいい会社」もある程度可視化されるようになりました。自己防衛の意味でも、SNSや口コミは必ずチェックしておくべきです。

家は、多くの人にとって人生最大の買い物であり、自らの一生にも大きな影響を与えます。できる限りの情報を集め、パートナーを慎重に選びたいところです。

かかわってはいけない住宅会社の特徴

社長に魅力がない

- 社長は会社の顔であり、会社は社長の生きざまそのもの
- 社長に魅力（能力）がなければ、魅力ある家は建ちにくい

理念がない

- 企業理念やビジョンがふわっとしている
  いい例「○○県地域密着で高気密高断熱住宅をつくっています」
  悪い例「自由設計で、お客様の夢を叶えます」

実績が少ない

- やはり経営実績が少ない企業は不安
- 倒産する可能性も高い。全国の木造工務店の約6割は赤字企業といわれる（TKC調べ）。起業後の10年生存率は1割
  （できれば10年以上続いている会社に頼むのが安心）

担当者が論理的ではない

- トークが論理的ではない（←→感情論で話す）
- 筋道立てて、根拠を挙げて、わかりやすく説明をしているか

見積もりがおおざっぱ

- 「坪単価ベース」「一式」という見積もりはよくない
- 各工事、しっかりと明細が提示されているか確認

他社をけなす

- 他社をけなして上りつめてきた会社は、いずれ淘汰されていく
- 自社の失敗や弱点を正直に話してくれる会社のほうが安心

建てたあとも末永くつき合いたい会社を選ぼう。

毎週打ち合わせって、普通なの？

打ち合わせが楽しいと思えるパートナーを選ぶ

注文住宅を建てるなら、担当者とのコミュニケーションは必須。会社や担当者によって打ち合わせの頻度はさまざまですが、**年間着工数が多い大手の会社ほど、商談の頻度が多い傾向があり、営業もパワフル**です。大手の営業マンは、成約数に加え、「アポイント（接触）回数」「アンケート枚数」「見学会の来場予約数」といった細かなノルマを抱えています。

一方、中小の住宅会社は、営業マンをほとんど持ちません。営業色は比較的薄く、「ぐいぐい来られる」のが苦手な人には相性がいいですが、大手に比べれば優秀な人材が集まりづらく、担当者のレベルにばらつきがあるのがデメリットといえます。

そんな中、小さな会社の営業の新たな武器となっているのが、ブログやＹｏｕＴｕｂｅ、ＳＮＳといったインターネットです。**フォロワーや登録者といったファンがついているなら、優良な住宅会社の可能性が高い**です。人と会わず、ネットでパートナー探しを完結させるというのは、時勢にも合った方法かもしれません。

住宅会社によって営業スタイルは違う

大手ハウスメーカー	「成約数」だけでなく、「アポイント（接触）回数」「アンケート枚数」「見学会の来場予約数」など、お客様と会う・またはお客様を行動させること自体がノルマになっている ↓ それが「毎週打ち合わせ」というような形となって表れがち
中小の住宅会社	営業マンをほとんど持たない（筆者げげを含む） ↓ ブログ　メルマガ　YouTube　SNS 大手も個人も関係なく平等で、「価値のある発信」をしているところに、人が集まりやすくなった ↓ ◆どの会社も、無料で自社のアピールポイントを発信している時代 ◆資料請求などしなくても、インターネット上に無料のカタログが転がっている ◆住宅会社が発信するコンテンツを見て、気に入ったら問い合わせ ↓ お客様も、住宅会社も、お互いに無駄なコミュニケーションをしなくて済む時代に

YouTubeチャンネル『げげ』のお宅訪問シリーズ
「Home Life Tour」に登場した施主の方からのメッセージ

家づくりに関して「信頼できる人を見つけてください」といわれますが、なかなか難しいもの。ただ、ひとついえるのは、「毎回の打ち合わせが楽しみ」だと思える会社や担当者を選ぶことです。今思えば、私たちがお断りした他の会社の打ち合わせは、毎回逃げ道をふさがれるような打ち合わせに感じました。家づくりは、本来「楽しい」ものであるべきだと思います。

発信するコンテンツに共感できる会社に問い合わせしよう。

「とりあえず住宅展示場へ」に潜むリスク

「住宅の常識」が偏ってしまいがち

大手メーカーが居並ぶ総合住宅展示場は、実物を体感できるうえ、家づくりについて詳しい話を聞くことができ、足を運べば大いに参考になります。

ただし**「とりあえず行くか」と何も考えずに訪れるのには、リスクがあります。**住宅展示場の営業マンたちは、家づくりのプロというよりも、家を売るプロ。その知識は、自社商品に偏っていることが多く、磨き抜かれた営業トークでお客様にあたります。何も知識のない状態でふらりと住宅展示場に行けば、**最初に出会った営業マンの巧妙なセールストークが「住宅の常識」と思い込んでしまいがち**です。

あるアンケートで、家づくりにおいて何社に見積もりを頼んだかを聞いたところ、その平均は2・2社でした(引用　SUUMO「注文住宅3000人の家づくり体験談」)。検討項目も多く時間と体力を消耗するため、みんな2〜3社でしか検討できないのです。だからこそ最初に出会う会社の影響は非常に大きくなります。

住宅展示場を訪れるなら、事前に本書で紹介している一般的な知識を押さえてから行きましょう。

住宅展示場の営業マンは家を売るプロ

住宅展示場にいる営業マン

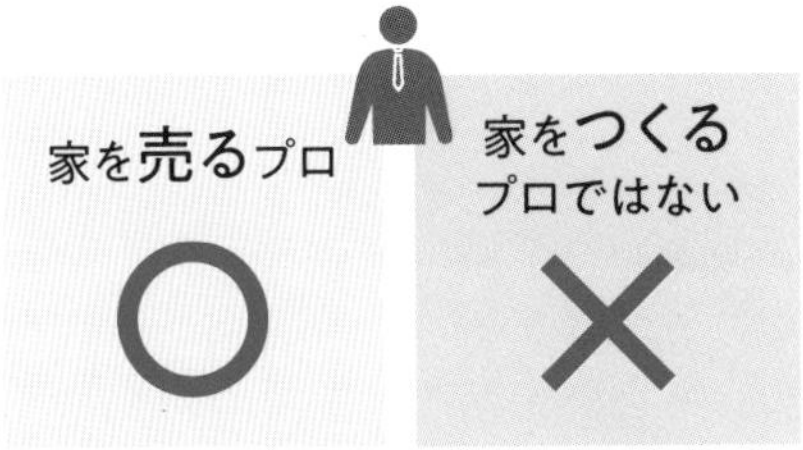
家を売るプロ
家をつくるプロではない

- セールストークがとても巧妙
- 自社商品の知識に偏っている

「とりあえず」展示場に行くと、たまたま最初に聞いた営業マンの話が家づくりの常識になってしまいがち

家づくりの経験者に聞いた

Q「何社に見積もりをお願いしましたか?」

➡平均2.2社

◆ だいたいの人は、2～3社しか検討できない
◆ だからこそ、最初に会った数人の話が、家づくりに与える影響は大きい

POINT

最低限の価値観の整理、住宅の知識を下調べしてから行くこと

（「そもそもなんで家を建てたい?」「どんな暮らしがしたい?」「注文住宅にかかるコストの相場」「住宅以外のコスト」「税金・保険」「暮らしたい土地の周辺環境」「将来の見通し」……）

「住宅展示場に行く目的」を決めてから足を運ぼう。

CHAPTER

4

健康で
快適に暮らすための
家づくりとは

（性能編）

幸せな暮らしを支える、家の「性能」

「温熱環境」へのこだわりは差が出やすい

注文住宅といえば、「人と違ったおしゃれな家をつくれる」というイメージを持つ人は多いでしょう。

しかし、自由度が高いのはデザインだけではありません。性能もまた、ある程度自由に設計することができます。

住宅における性能は、以下にわけられます。

「耐震性（建物の構造体の強さ）**」「耐久性**（耐候性、雨漏り防止）**」「メンテナンス性**（維持管理、修繕がしやすい工夫）**」「温熱環境**（断熱、気密、空調計画）**」「省エネ性**（建物の燃費、光熱費、太陽光などの創エネ）**」の5つ**です。

個人的には、デザインよりもまずこれら5つの性能にバランスよく配慮した設計が、幸せな暮らしにつながると思っています。

住宅会社によって特に大きな差が出るのは、断熱性をはじめとした「温熱環境」へのこだわりです。詳しくは後述していきますが、**温熱環境は健康で幸せに暮らすうえでは欠かせない要素**であるため、ぜひ家づくりの際に意識してほしいポイントです。

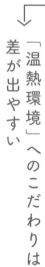

住宅の性能って何?

家のデザイン(形)より
大切なのが性能

家の性能5つ

❶ **耐震性** 建物の構造体の部分

❷ **耐久性** 耐候性、雨仕舞→雨漏りなどを防ぐ部分

❸ **メンテナンス性** 維持管理・修繕・更新がしやすい工夫

❹ **温熱環境** 断熱、パッシブデザイン、空調計画

❺ **省エネ性** 建物の燃費、光熱費、太陽光などの創エネ

※5つのうちどれかではなく、5つとも満たしていることが重要

会社によってもっとも差があるのが、温熱環境

なぜ?

2021年現在、過去20年間ほど基準や制度が
アップデートされていない

(1999年に定められた基準が、更新されておらず、
義務化さえもされていない)

完全に、行政と業界の怠慢!

住み手側からも「温熱環境」への意識を変えていきたい

ちなみに耐震性に関しては、地震大国日本においては、
大きな地震があるごとにアップデートされている

住宅のデザイン以上に、
温熱環境を重視しよう。

「あたたかい家」が、家族の命を守る

寒さが病気やケガを引き起こす

デザイン、コストと並び重要な、住宅の性能。とはいえ、いまひとつイメージできない人もいるかもしれません。

性能について考えるうえで、個人的にもっとも大切だと思うのは**温熱環境、すなわち「あたたかさ」**です。

寒さというのは、実は私たちの体にかなり悪影響をおよぼすことがわかっています。手足の冷えや、アレルギー、睡眠不足などの不調の原因にもなります。あたたかい場所から急に寒い場所に移動すると、血圧や心拍の急激な変化が起き、それが脳梗塞や心筋梗塞の引き金となるリスクがあります。

また、室温が18度以下になると、循環器系の疾患やケガのリスクが上がり、**ＷＨＯ（世界保健機関）は住宅内の最低室温を18度以上にすることを強く勧告**しています。

住宅内で人が亡くなるのは冬が多く、急激な血圧の変化などによる「ヒートショック」がその最たる例です。

あたたかな家は、冬にも快適に過ごせるだけではなく、家族の命と健康を守ってくれるのです。

住宅内の死亡は、冬にリスクが高まる

WHO（世界保健機関）➡住宅内の最低室温を18度以上に！

住宅内のヒートショック問題

ヒートショックとは……
家の中の急激な温度差により血圧が大きく変動することで、失神や心筋梗塞、脳梗塞などを引き起こし、体へ悪影響をおよぼすこと。

ヒートショックで亡くなる人➡ 年間約17000人
（東京都健康長寿医療センターパンフレットより）

交通事故の5倍以上

交通事故で亡くなる人➡ 年間約3000人
（警察庁統計　令和元年・2年）

- 冬は、浴槽での溺死、転倒・転落リスクも高い
- 寒さは、のどの痛み、喘息、せき、アトピー、手足の冷え、アレルギー性鼻炎、肌や目のかゆみ、睡眠不足の原因にも

⬇

住宅内の温度差を極力なくす「高断熱・高気密化」が必要

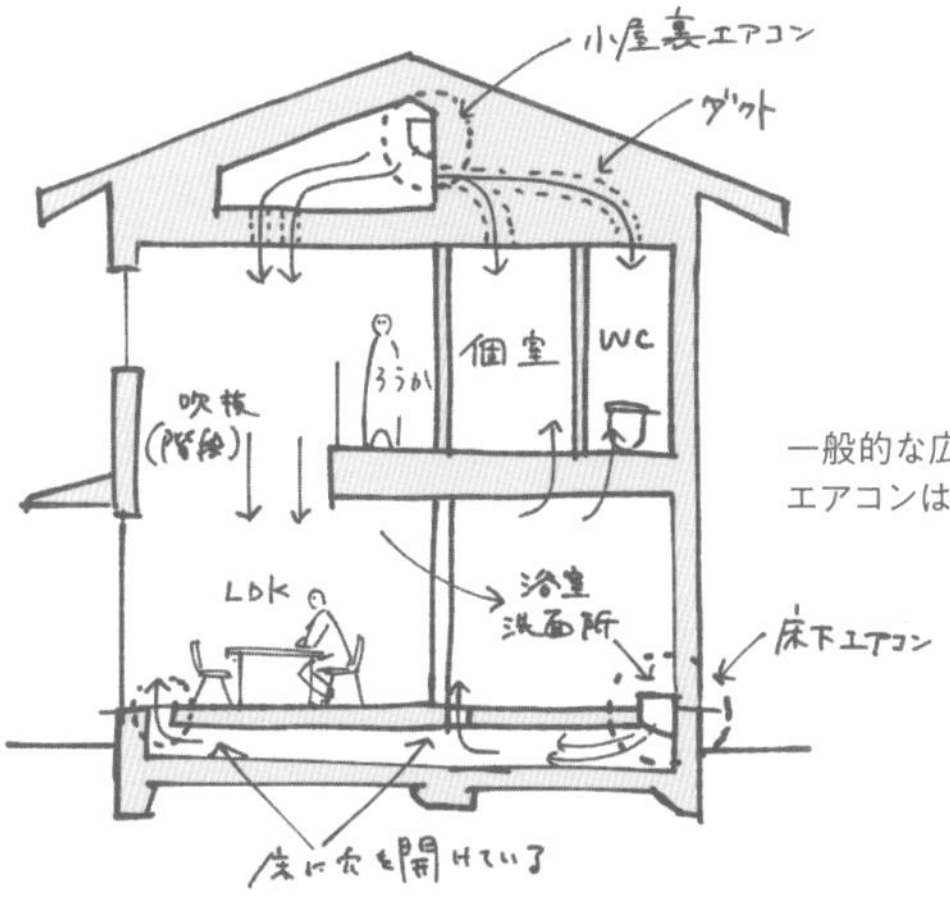

一般的な広さの一戸建てのとき、
エアコンは2台程度で済むことが多い。

高断熱・高気密で、温度差のない家をつくろう。

断熱材って、どう選ぶ？

特定の断熱材を推してくるケースは要注意

家の性能についての検討に入ると、断熱性や気密性といった言葉が出てきます。

断熱や気密についての細かい話は、だいぶテクニカルな領域であり、徹底してこだわりたい人を除いて、そこまで深く勉強する必要はないでしょう。「できるだけあたたかい家がいい」などというオーダーを叶える手段として、設計者が断熱や気密の構成を考えてくれるはずです。

ひとつ注意しなければならないのは、性能について尋ねた際に、「○○という商品を使えば、断熱は完璧です」というような営業トークをする会社です。

断熱材の性能は、**「断熱材の熱の通しにくさ」**と**「断熱材の厚み」**で決まります。高性能の断熱材も、薄ければ熱を逃がしやすくなります。また、断熱性能は断熱材だけではなく、内装仕上げ材（壁紙など）、防湿気密シート、石こうボード、構造用面材、通気層、外壁下地、サイディングといったものの組み合わせで総合的に決まります。

断熱材の性能ばかり推してくる会社は、あまり優良とはいえません。

断熱材の仕組み

断熱材の性能 ＝ 断熱材の熱の通しにくさ × 断熱材の厚み

ここだけに注目したり比較しても無駄

要するに

「○○という断熱材を使っているから当社は完璧です」

という営業トークは怪しい
ということ

断熱はもっと複雑なもの

壁内部構成（一例）

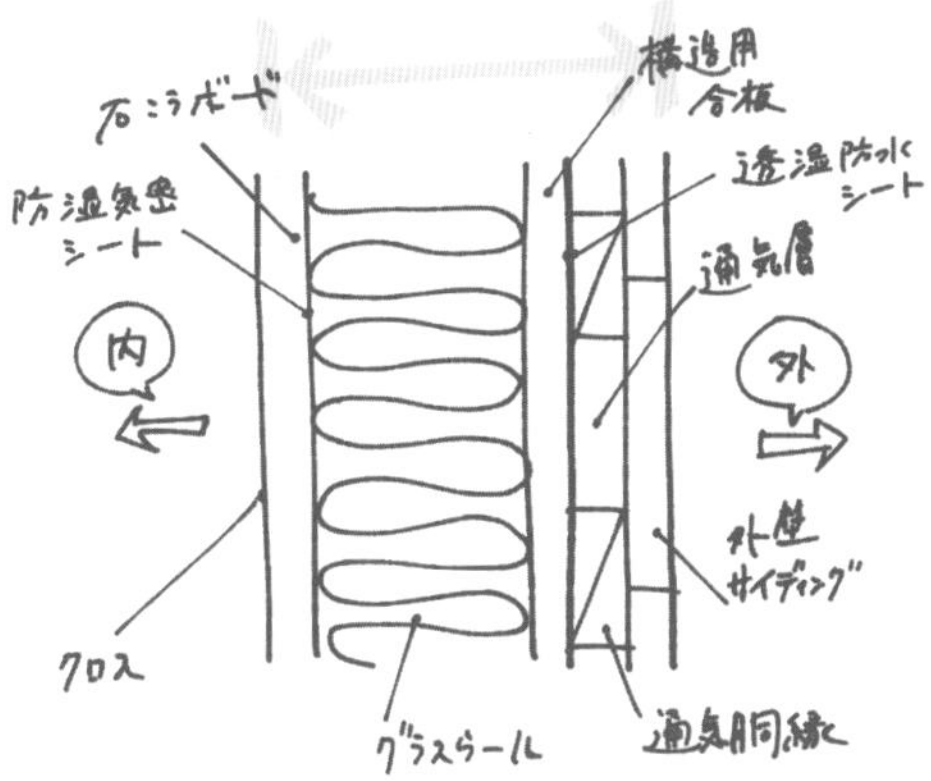

断熱は「熱の通しにくさ」と「厚み」を確認しよう。

断熱のグレードアップはしたほうがいい？

国の水準より高い「G1レベル」以上が安心

住宅の断熱に関しては一定の基準が存在し、住宅会社もそれをベースに断熱性能を設定することが多いです。国の定める断熱基準が1999年からアップデートされていないこともあり、近年目指すべき水準として使われているのが「HEAT20（20年先を見据えた日本の高断熱住宅研究会）」が提示するグレードです。HEAT20が設けたG1、G2という基準は、国の基準よりも高い水準です。住宅において、**断熱性能の目安として「国の基準、G1、G2」という3つがあると知っておきましょう**（さらに寒冷地でも対応できるG3レベルもある）。

何もオーダーしなければ、断熱性能は基本的に国の基準並みとなりますが、よりあたたかな家を望むなら、G1、G2とグレードを上げることになり、追加でコストがかかる可能性も高いです。ただ、断熱性能を高めることで、設置するエアコンの台数が減ったり、ランニングコストが抑えられたりして、いずれ初期投資は回収できます。**加えて長く健康で快適に住み続けられるというメリットもあるので、G2レベルを目標とし、最低でもG1レベル以上にしておくことをおすすめします。**

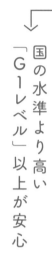

断熱グレードアップにいくらかかるの？

断熱のグレード

HEAT20が設けた「G1」「G2」を最低限知っておこう

HEAT20とは……

「一般社団法人 20年先を見据えた日本の高断熱住宅研究会」の通称

HEAT20の設立された目的……

環境に優しく、安心安全、高品質な住宅の実現のため
（背景）国の断熱基準は1999年の水準からアップグレードされておらず、目指すべき水準になっていないため、真の高性能住宅が目指すべき断熱水準として「HEAT20 G1／G2／(G3)」というグレードが提唱された。

一般住宅とG1、G2はそれぞれのUa値で分類できる
（地域によってその目安は違う）

Ua値……住宅の表面からの熱の逃げやすさを示したもの

↓

数値が小さいほど、断熱性が高い

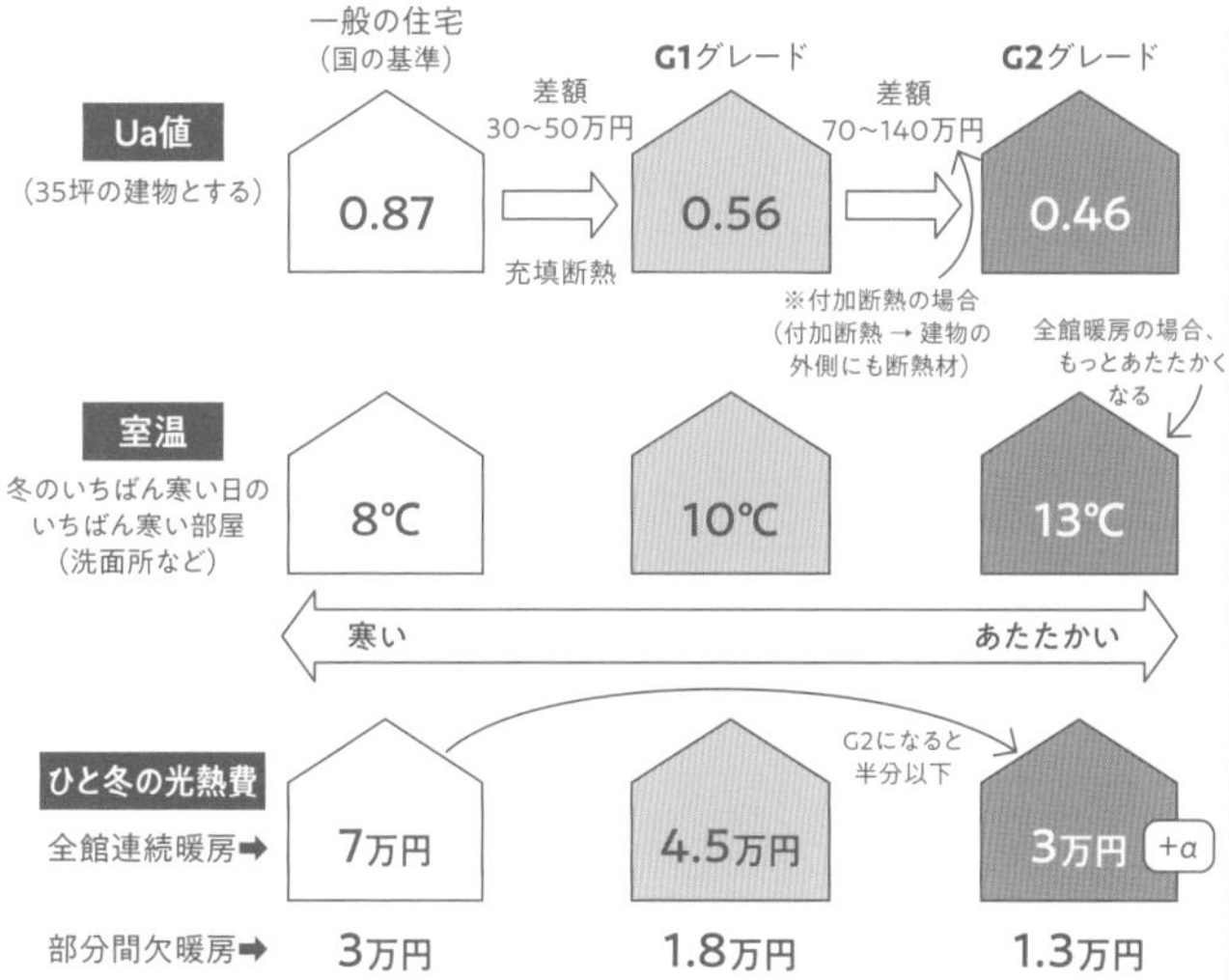

費用対効果を考えるポイントまとめ

G2にするのに仮に100万円 ……①

エアコンのコストダウン
マイナス30万円 ……②

①−②より、
費用は実質70万円
70万円÷4万円（光熱費の差）≒18年

18年で回収しつつ、
健康と快適がついてくる

高断熱・全館空調であれば、
エアコン台数を減らせる

例 5台→2台

その差、3台分の初期投資と買い替えコストをなくすことが可能

資料協力：エコワークス株式会社（九州の木の家専門工務店）代表取締役 小山貴史

断熱に初期投資をすれば、健康と快適が手に入る。

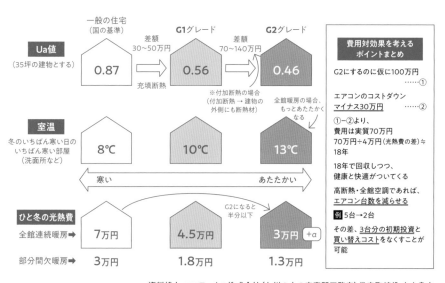

耐震等級は、いくつがいいの？

迷わず「耐震等級3」の取得がおすすめ

地震大国日本において、**住宅の耐震性は、安全な暮らしに直結する要素です。**現在、建築基準法という法律により、住宅が満たすべき耐震性（耐震等級1）は定められていますが、あくまで最低レベル。その上には、国の基準の1・25倍の強度である「耐震等級2」と、1・5倍の強度を持つ「耐震等級3」が存在しています。

では、現実としてどの等級であれば安心して暮らせるのか。2016年に発生した熊本地震を例にとって考えてみます。

熊本地震では、震度7の地震が連続で発生しました。耐震性の低い建物は、前震でダメージを受け、本震がとどめとなって崩壊。耐震等級1程度相当の建物のうち、6％が倒壊しました。耐震等級2の建物は、倒壊こそ逃れたものの半壊や修繕困難な損傷を負った建物もありました。しかし、**耐震等級3の建物では、倒壊、全壊、大規模半壊はゼロで、地震後も軽微な修繕で**住み続けられました。

命はもちろん、日々の生活を守り、維持するためにも、耐震等級3の取得をおすすめします。

地震大国日本で安心できるレベルは？

建築基準法（＝耐震等級1）は最低レベル

2021年現在、最新の耐震基準である建築基準法をクリアしても、それはあくまで「最低基準」に他ならない

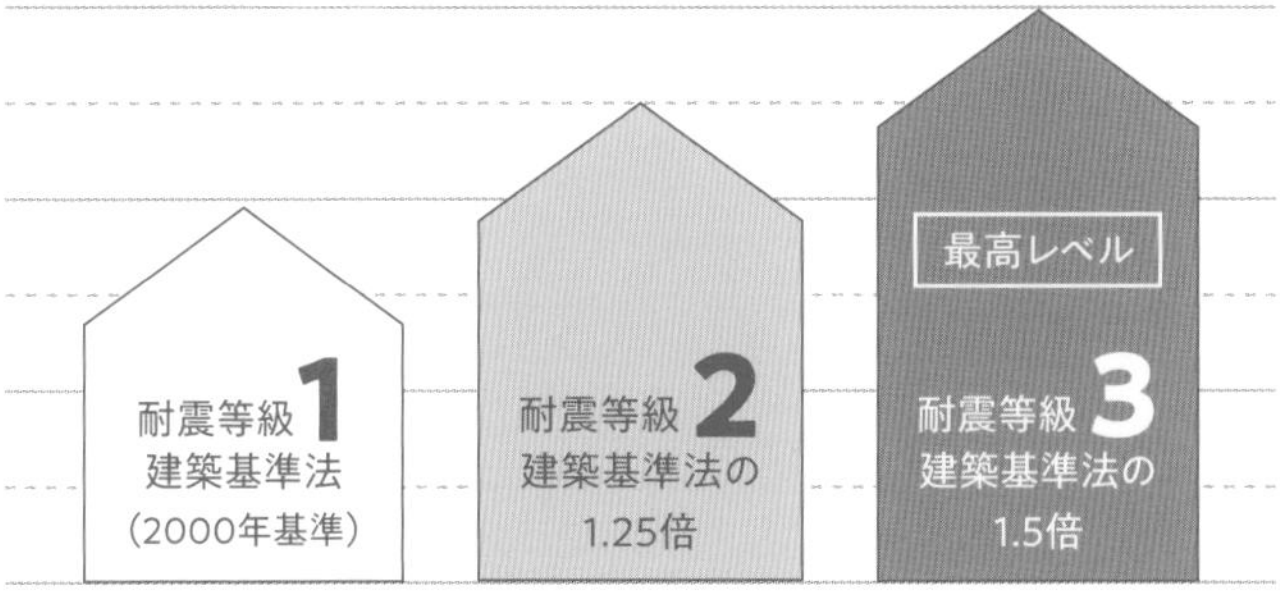

熊本地震の事実から考えよう

熊本地震の特徴は？

震度7の地震が連続で（前震・本震）発生した

耐震性能の低い建物は、前震でダメージを負ったあと、とどめの本震で多くの建物が全倒壊した

「耐震等級1」の建物＝調査した**全体の6％が全壊・倒壊**（19棟/319棟）

「耐震等級3」の建物＝**倒壊・全壊・大規模半壊なし**（0棟/16棟）

「命」を守る他、大地震後も「住み続ける」ことができる可能性が高い
（軽微な損壊のため、修繕できる）

参考：「熊本地震における木造住宅の損傷に関する調査」（建築学会）
「耐震等級3のススメ―熊本地震を教訓に―」（一般社団法人くまもと型住宅生産者連合会）

家族を守り、地震後も
「住み続ける」ことのできる選択を。

窓は、たくさんあるほうがいい？

必要最小限の数を、適切な場所に

「光がよく入る、明るい家にしたいから、窓をできるだけ多くつくってほしい」そんな要望を受けることがよくあります。

ただ、**実は窓というのは、構造的にいうと建物における「弱点」であり、たくさんつくるほどデメリットが大きくなってきます。**例を挙げると断熱性能、耐震性、メンテナンス性、収納性、コストパフォーマンスといった点が、低下していくのです。

窓の本来の役割を考えてみると、次の4つになるかと思います。**「自然の光をとり入れる」「景色をとり入れる」「出入りする」「通風をうながす」**。

この4つさえ満たせれば、窓の数が少なくとも、十分快適に暮らしていけます。

窓は、**「必要最小限の数」を「適切な場所」に計画するべき**というのが、私の基本的な考え方です。「なんとなく」窓という弱点を設け、住み始めてから「いらなかった」とならないよう、必要性を吟味しましょう。

窓をつくることによるデメリット

①断熱性の低下

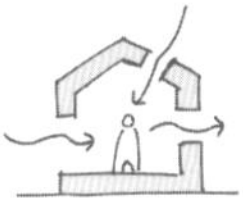

窓あり

- 熱が入りやすい＋逃げやすい
- 室内の温度ムラが大きい
（窓辺が寒い・暑い）

窓なし

- 熱が入りにくい＋逃げにくい
- 室内の温度ムラが小さい
（快適＋健康）

②耐震性の低下（内部に間仕切り壁が増える）

窓が多すぎる

- そのままでは耐震性△
- 内部に壁が多くなる➡
間取りに自由度が下がる

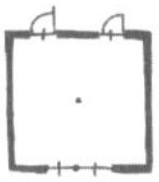

窓が適切な量

- 耐震性○
- 内部に壁が少なくなる➡
自由で可変性のある間取りが可能

③メンテナンス性の低下

窓のまわりには<u>シーリング</u>という目地

⬇

このシーリングは10～20年で劣化するため交換が必要

⬇

メンテナンスの観点でも弱点
（窓がなければ基本的にシーリングは不要）

④内部収納量の減少

「窓をつくる」

⬇

「壁がなくなる」ということ

例 書斎やスタディコーナー

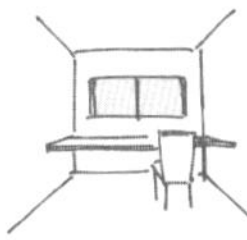

窓あり

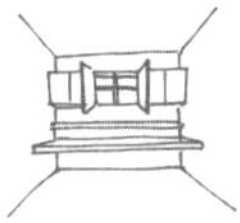

窓なし

収納が計画できる
（照明計画注意）

⑤コストアップ

一般的に窓のほうが外壁より高価

※特に高性能なサッシ（樹脂サッシなど）を採用する場合はなおさら

「なんとなく」で窓を増やさない。

吹き抜けはいいことだらけ？

憧れだけでとり入れるのは後悔のもと

誰かに見られているような……

注文住宅の設計で、**定番のオーダーといえば「吹き抜けがほしい」**というものです。ただ「なぜほしいのか」と理由を聞くと「憧れていた」「広々しそう」など、なんとなくのイメージから依頼する人が多いようです。

ここで吹き抜けのメリットとデメリットを考えてみましょう。

吹き抜けがあれば、空間が縦に広がって開放感が出ますし、採光や通風の面でもメリットがあります。1階と2階の空間的なつながりができ、コミュニケーションもとりやすくなります。

一方のデメリットとしては、まず冬に暖房がききづらくなります（高断熱、高気密住宅を除く）。また、音やにおいが上階に伝わりやすくなるのも、人によってはデメリットです。

構造的に見ると吹き抜けは弱点といえ、耐震性が下がります。それを補うべく、新たな柱や補強材が必要になることもあります。**これらを知らずに吹き抜けをつくり、後悔する人は意外に多くいます。**メリットとデメリットを天秤にかけてしっかり検討しましょう。

吹き抜けのデメリット

①冬、暖房がききにくい（ただし高断熱・高気密住宅を除く）

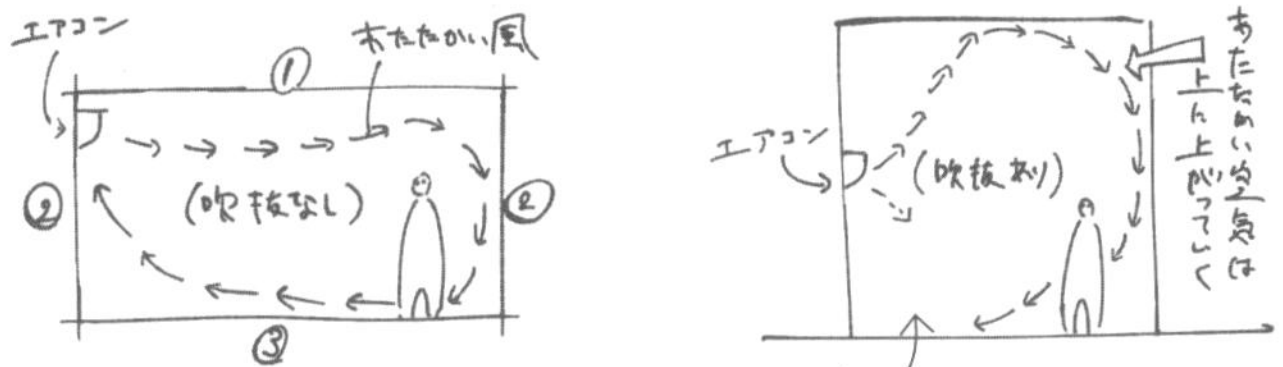

あたたまる順番
①天井→②壁→③床

⚠ 床があたたまるまで
かなり時間がかかる

冬は、床暖房、床下エアコンなどで補助的に床をあたためてあげる必要あり

②音が上階に伝わりやすい

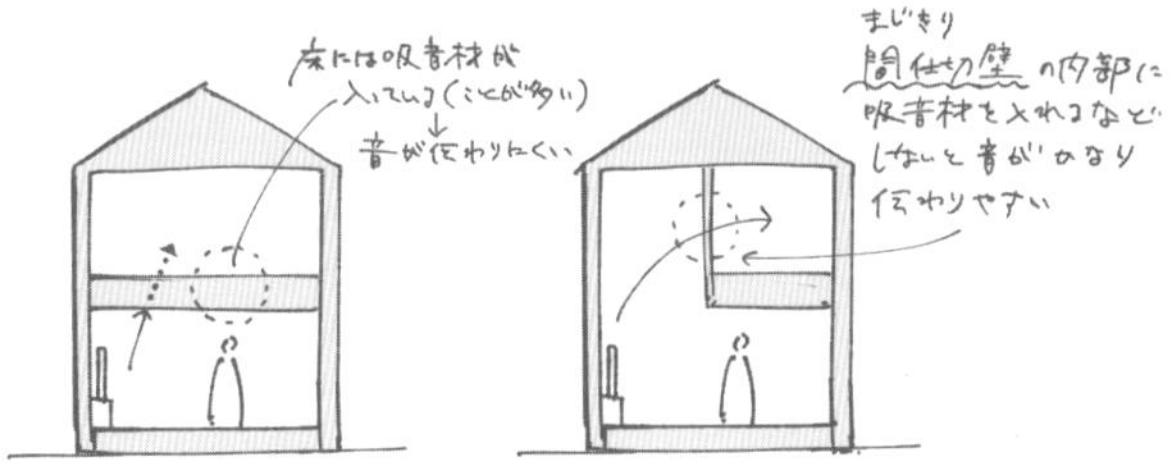

床：分厚く空気層がある（音が伝わりにくい）➡ 一方で壁は薄い！

③構造的には弱点になる

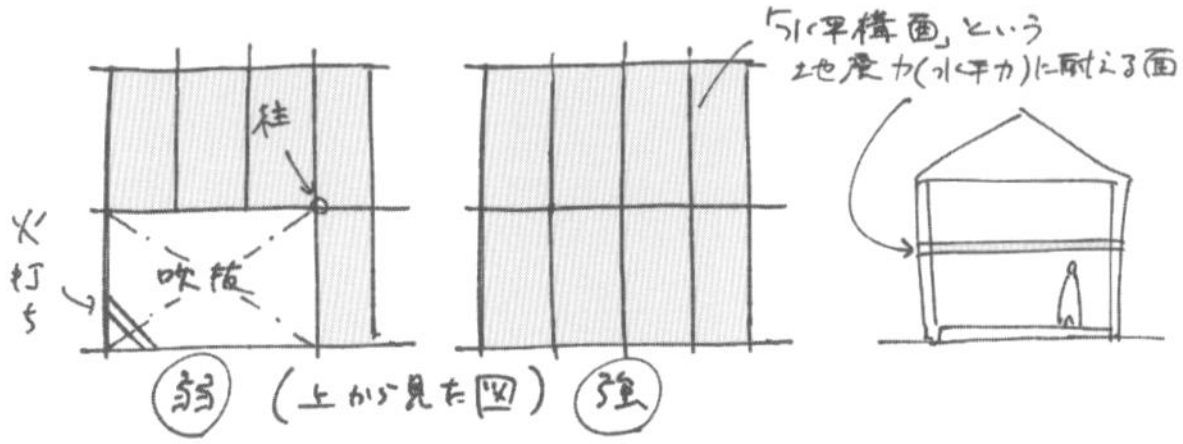

吹き抜けがなければいらなかった、柱や火打ちが必要になることも

吹き抜けがあると、水平構面が入れられない ➡ そのままだと弱くなる ➡
他の壁などで補助する必要 ➡ 間取りに制約がかかる

メリットとデメリットを比べて、
ほしい暮らしを選ぼう。

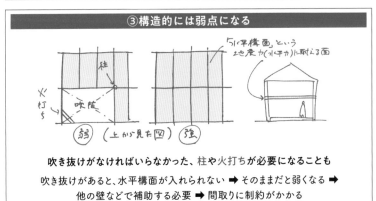

無垢フローリングは大変？

↓手入れを楽しみ、「無垢な愛」を捧げよ

注文住宅で実現したい仕様の上位に挙がる、無垢フローリング。木材ならではのナチュラルな雰囲気と、素足で歩いたときの心地よさは、他の素材では得難いものです。

ただし、**天然の木材を切り出して使うという特性から、デメリットも発生**します。

反りやすい、伸縮して隙間ができやすい、傷や汚れがつきやすい、へこみやすい、変色する、床暖房に向かない、オイルを塗るなどの手入れが必要……。そのうえで、導入コストも割高な無垢フローリングは、実は本当に「手のかかる子」なのです。

それを理解したうえで、それでも無垢フローリングを愛し、手がかかるのを楽しむことができるなら、コストをかけて採用する価値があると思います。このあたりの感覚は、レザーの財布やデニムのジーンズを「育てる」のと似ているかもしれません。

愛情をかければ、無垢フローリングは家族の歴史をその身に刻みつつ、深く味わいのある色に経年変化していくでしょう。

無垢フローリングのメリット・デメリット

メリット

- 調湿効果（木材自体が吸放湿することで、室内の湿度を適度に保つこと）もあるが……やはり見た目がいちばん。

※個人的には無垢床を見ているとうっとりするし、その上に置く家具もより魅力的に見える。私が設計を担当してきたお客様で無垢にして後悔している人は見たことがない。

デメリット

反りやすい！

床暖房に向かない（床全体をダイレクトにあたためるので反りの原因に）

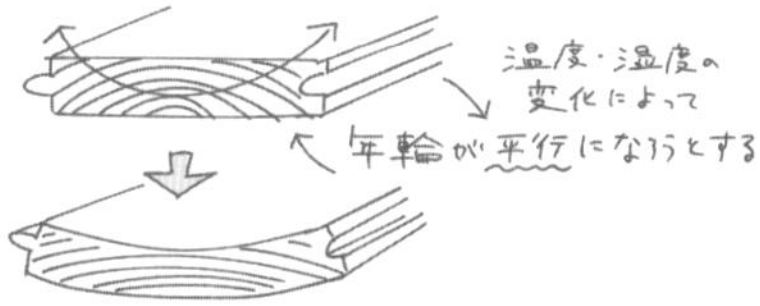
温度・湿度の変化によって
年輪が平行になろうとする

その他もデメリットたくさん……

それでも私が無垢を選ぶ“超主観的「無垢床愛」”

- **反りやすい、伸縮する** ➡ 木は生きているんだからあたりまえ
- **床が鳴ることもある** ➡ 古民家カフェみたいでかっこいい
- **隙間ができやすい** ➡ 味がある
- **傷・汚れがつきやすい、へこみ、変色しやすい**
  ➡ ヴィンテージっぽくていい感じ。年月とともに味わいが深まる。育てる楽しさがある。
- **手入れが必要**
  ➡ そもそも一生手入れのいらない建材はない。家族で床にオイルを塗る体験も思い出に。
- **床暖房に向かない**
  ➡ 床暖房がなくてもあたたかい高断熱の家をつくろう

おすすめの木材

スギ、ヒノキ、パインなどの針葉樹は、空気を多く含むためあたたかい

無垢床のデメリットを愛せる人でないと選んではいけない。

「小さな家」で、豊かに暮らそう

サイズを抑えて、暮らしの質を高める

これがほんとの
ワンルームだワン

家の大きさの目安として昔からいわれているのが「家族ひとりあたり8〜10坪」。4人家族なら、最低でも32坪以上は必要な計算です。それよりもっと広い家に憧れる人もいるかもしれません。

ただ、私が提案したいのは、そうした常識とは真逆です。序章でも述べた通り、**「小さな家のほうが、より豊かに暮らせる」**と考えています。その点を改めて詳しく解説したいと思います。

個人的な感覚としては、**4人家族なら26坪あれば十分に暮らせます**。実際に、私が担当した施主の方の中には、家族4人、22坪の家で暮らす人がいますが、とても豊かな生活を送り、満足されています。

「小さな家」にする大きなメリットは、サイズを抑えた分、**浮いたコストを「質を高める」方向に使える**ことにあります。たとえば、断熱性や耐震性を高めたり、塗り壁や無垢フローリングを採用したり、長く使える質のいい家具を買ったりすることで、「暮らしの質」が上がり、幸福度も高くなります。その他にも、家族みんなが目の届く範囲で暮らせて、掃除もラクにでき、庭を大きくと

「小さな家」にする大きなメリット

❶ 小さくする分、質を上げることができる
(コストを「質」UPに配分することができる)

たとえば
- 合板フローリング ➡ 無垢フローリング
- ビニールクロス ➡ 塗り壁
- 量産家具 ➡ 手仕事でつくられた一生ものの家具

❷ 手が届く、目が届く範囲で暮らす

❸ 掃除がラク

❹ 庭を大きくとれる

❺ 断熱性能がUPする

れ、空間が小さいことで断熱性能も高まるなど、さまざまなメリットがあります。

では、実際にどのようなポイントを押さえて小さな家を建てれば、豊かに暮らしていけるでしょう。

間取りに関しては、**階段やホールを家の中心に配置し、できるだけろうかを減らす**と、スペースをフル活用できます。窓の配置などを工夫して庭や空とのつながりを持たせたり、吹き抜けやロフトを採用して縦方向の視線の抜けをつくったりすると、床面積以上の開放感が得られます。

不要なものは大胆に「引き算」するのも大切です。玄関、子ども部屋、ダイニング、壁や扉……。自分たちのほしい暮らしの中で、不要な要素は思い切って削ります。

空間の使い方としては、**寝室、子ども部屋、書斎などと部屋に名をつけるのをやめます**。たとえば、「最初は夫婦の寝室として使い、子どもが大きくなったら2つの部屋に区切って子ども部屋をつくる」という感じで、将来の家族の変化に応じて可変的に使える家にしましょう。

小さな家でも豊かに暮らすためのポイント

①できるだけろうかは少なく

- 階段やホールを中心に配置すると○

②外部（庭や空）とのつながりを意識する

- 物理的な部屋の広さ（○○㎡・○○畳）だけが「広さ感」に影響するわけではない
- 庭とのつながりをデザインすることで、開放感も広さ感も得られる

③優先順位や取捨選択を明確にする

- 家族によって、「必要なもの／不要なもの」は多種多様
- 特に「不要なもの」を明確にすることが重要

④大胆に引き算する

- たとえば、玄関をなくす、子ども部屋をなくす、建具（扉）をなくす、ダイニングをなくすなど

⑤部屋から名前をとる

- 寝室、子ども部屋、サブリビング× ➡「洋室」と呼ぶ
- まずは「ただの部屋」ととらえることで、将来の家族の変化に応じて「可変的な」プランを目指す

⑥天井高を下げる

- 2100～2200mm程度に下げる（一般的には2400～2500mm程度）
- 天井が高くて狭い空間は、空間プロポーション（バランス）が悪くなるため

⑦断面（縦方向）で考える

- 平面だけで考えると、単純に面積が狭い部屋となってしまう
- たとえば吹き抜け、ロフト、階段、など縦方向の視線の抜けをつくることで、床面積以上の開放感を得ることができる

庭をとれるのが、大きなメリット

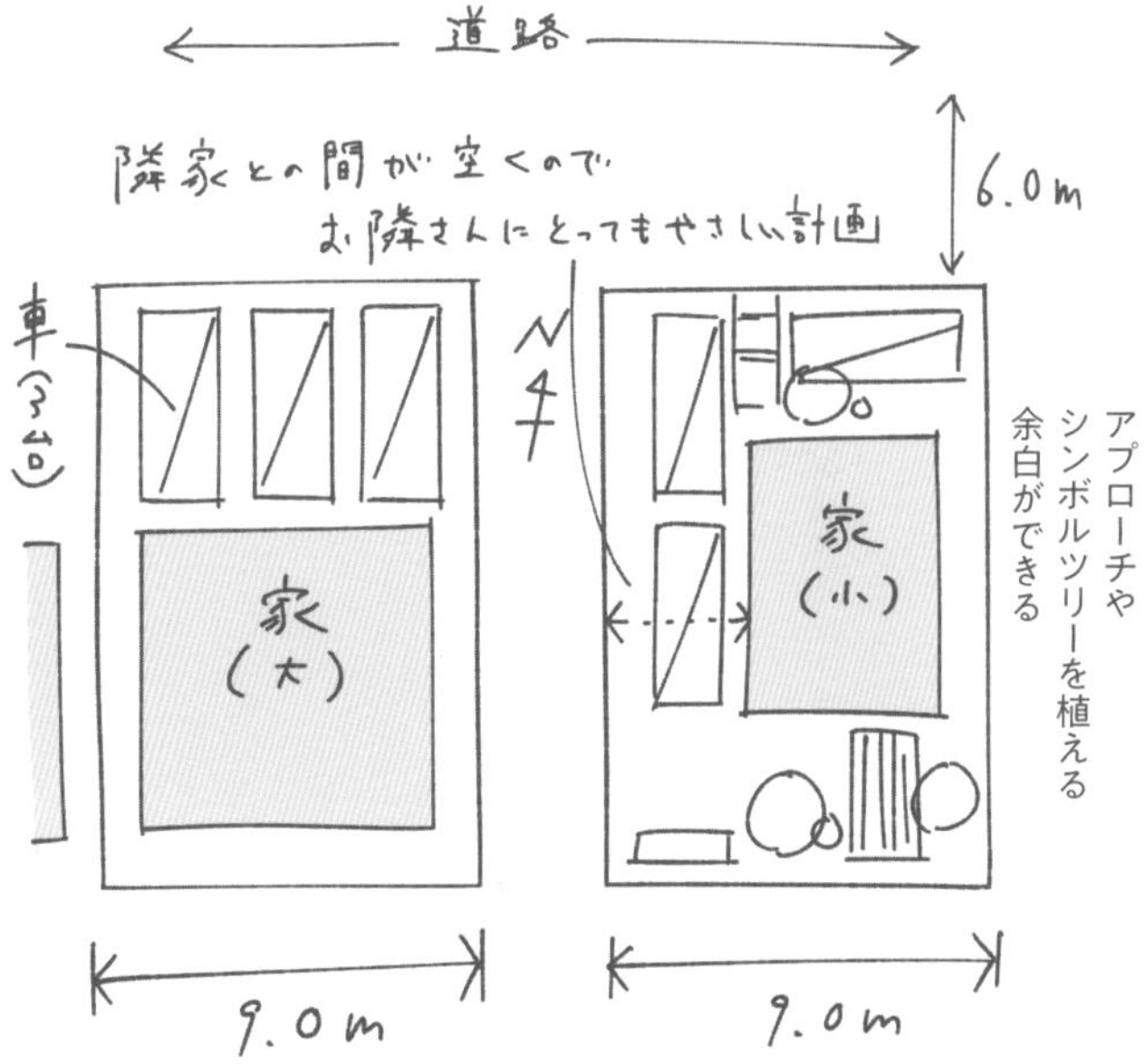

建物ばかりに頭を
使うと、こうなりがち

大きな家

庭や物置スペースを
しっかり確保できる

小さな家

建物だけでなく、庭を含めて「暮らしの質」を上げる

建物は最小限に。
暮らしは最大限に。

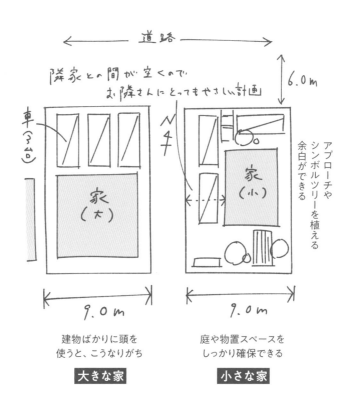

「今だけ」「金だけ」「自分だけ」をやめる

未来を見据えて判断しよう

ここまでで述べてきた通り、家づくりのゴールは、「末永く幸せに暮らせる家を建てること」です。

そのためには、**自らの視点を現在から未来へと移し、「将来どうなるか」も想定しながら、家づくりを進めていく必要があります。**

満足して長く住める家を建てるには、3つの「だけ」をやめなければなりません。

まず、**「今だけ」を見て家づくりをすると、きっと将来苦労します。**家族構成やライフスタイルが変わっても、生活の質が変わらぬよう、部屋や空間の用途をできる限り限定せず、可変的に使えるようにしておくべきです。

「金だけ」にこだわりすぎるのもいけません。いくらお金を積んでも方向性や目的を誤ると理想の家はできませんし、反対にイニシャルコストを抑えすぎれば性能などに影響し、心地よく暮らせない可能性があります。

そして、せっかく家を建てるなら**「自分だけ」よければいいという発想は捨てましょう。**隣家や周辺地域、地球環境のことにまで配慮して建てれば、きっと穏やかな心で暮らしていけるはずです。

3つの「だけ」をやめる

✕ 今だけ

- 今の家族がよければいいの?
  ➡家族は増えたり減ったりします
- 完成直後のピカピカの状態が続くと思っていませんか?
- 建物を手放すことになった場合を想定していますか?

✕ 金だけ

- 「価値」ではなく「価格」で判断していませんか?
- イニシャルコストが低ければそれでいいの? ➡ **NO**
- お金を積めば100点の住まいができるの? ➡ **NO**

✕ 自分だけ

- 隣家のことも考えていますか?
- 街並みのことも考えていますか?
- 地球のことも考えていますか?

3つの「だけ」を見て家づくりをするのはNG

「未来はどうなるか」も想定しながら、
思いやりを持って家づくりを進めたい

どんな気持ちで暮らしていきたいか、
長い目で考えよう。

CHAPTER

5

家づくりで後悔しない人が選ぶ間取り

（間取り編）

一生後悔！「不幸になるリビング」3選

家族が集まる場所を、いちばん心地よい空間に

間取りの検討にあたり、私たち住宅の設計者がまず考えるのが、リビングの位置です。

リビングは、家族がいちばん長い時間を過ごす、みんなの居場所。だからこそ、住人がもっとも心地よく過ごせる空間になるよう、大切に設計するのです。

リビングの配置は、窓の位置と大きさ、季節による太陽の動き、内と外の視線のコントロール、庭との関係といった複雑な要素を検討せねばならず、家ごとに最適解が異なります。

ただ、明らかにおすすめできない「不幸になるリビング」というものが存在します。**もっとも長い時間を過ごす場所の居心地が悪くなったら、一生後悔することになりかねません。**そんな「不幸になるリビング」の代表例を、紹介しておきたいと思います。

まずは、**「一生、隣家の外壁を眺めるリビング」**。

ここでいう隣家の外壁はあくまで一例であり、他にも道路を通る人の姿や、ゴミ置き場、廃墟といった「見たくないもの」が目に入るようなリビングの配置は、まず避けねばなりません。

リビング＝家族がいちばん長く過ごす場所

設計者

間取りでいちばん最初に考えるのがリビング

- 窓の位置と大きさは？
- 太陽の動きは？
- 中からの視線、外からの視線は？
- 建物と庭の関係は？

「心地よく過ごせるリビング」の答えは家ごとに違う

続いては**「一生、駐車場を眺めるリビング」**。

車が趣味で、愛車を毎日眺めて暮らしたい人を否定する気はまったくありません。あくまで個人的にですが、車よりも庭に植えたモミジの木や、庭を元気に走りまわるペットの姿を見ながら暮らすほうが、幸せを感じます。戸建住宅のよさは、「庭」がつくれること。その「庭」と「建物」の関係次第で、豊かな住空間の可能性が広がるところだと、私は思います。

そして最後が、**「冬に直射日光が入らないリビング」**。

太陽光は、部屋の温度を上げてくれる「自然の暖房」であり、それをうまく活用できないリビングにしてしまうと、冬はいつも寒く、電気代もかさみます。冬に直射日光をリビングにとり込むには、南側の建物との距離を空けたり、「2階リビング」を検討したりするのがおすすめです。

リビングは、**「敷地の中でいちばん気持ちのいい場所に配置する」**という視点で間取りをイメージすると、きっといい家づくりができるはずです。

居心地が悪いのはこんなリビング

一生、隣家の外壁を眺めるリビング

一生、駐車場を眺めるリビング

冬に直射日光が入らないリビング

高めのフェンスでお互いのプライバシーを守る

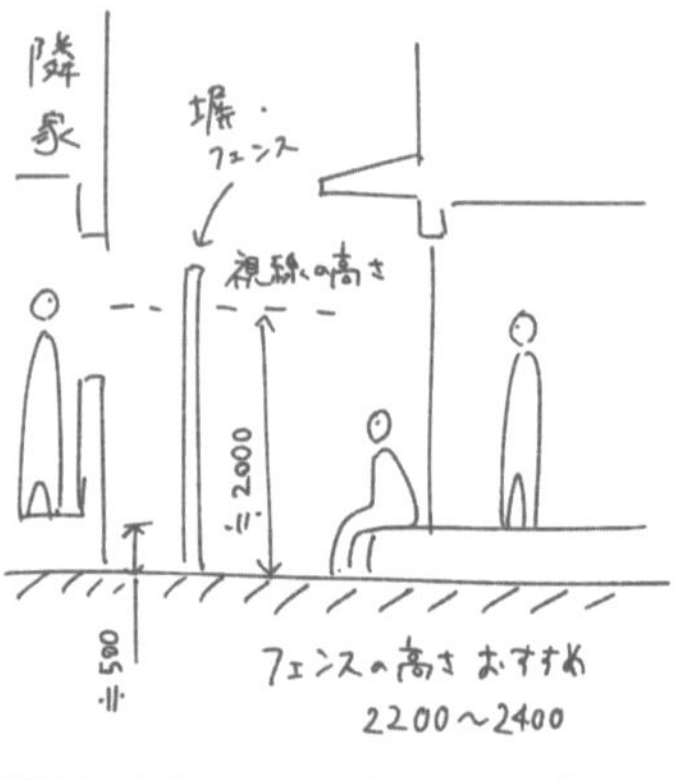

視線が合わないように配慮する

建物と庭の関係を意識する

BEFORE

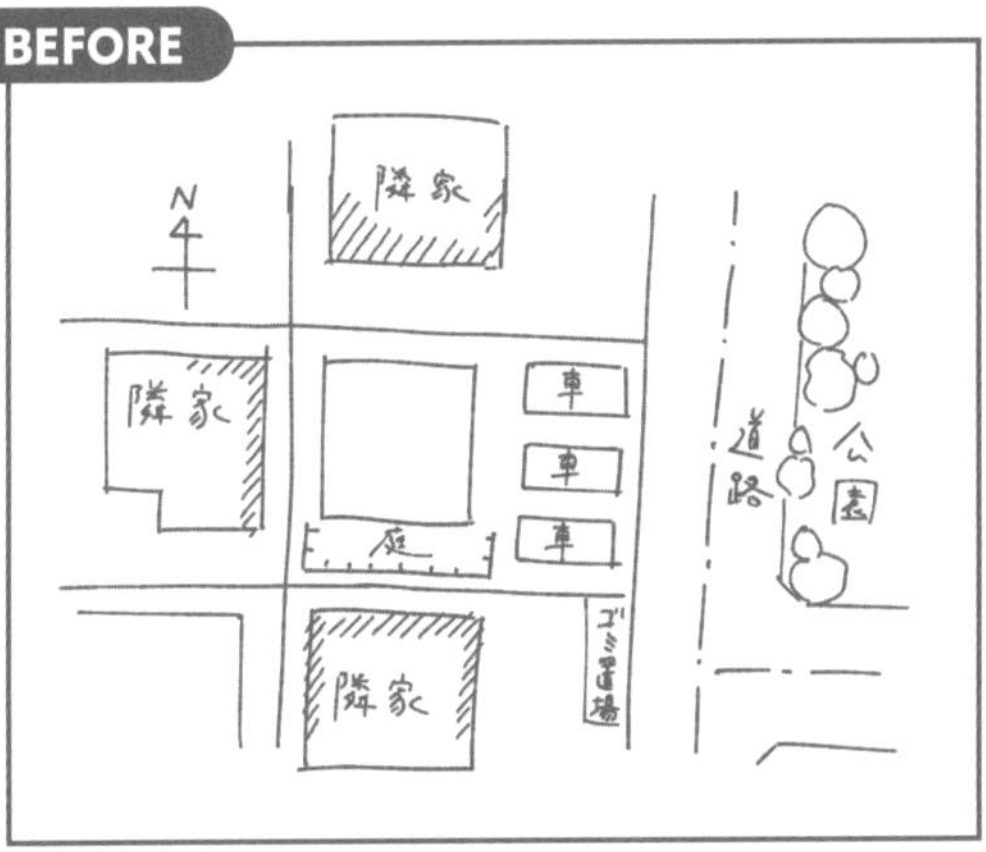

AFTER

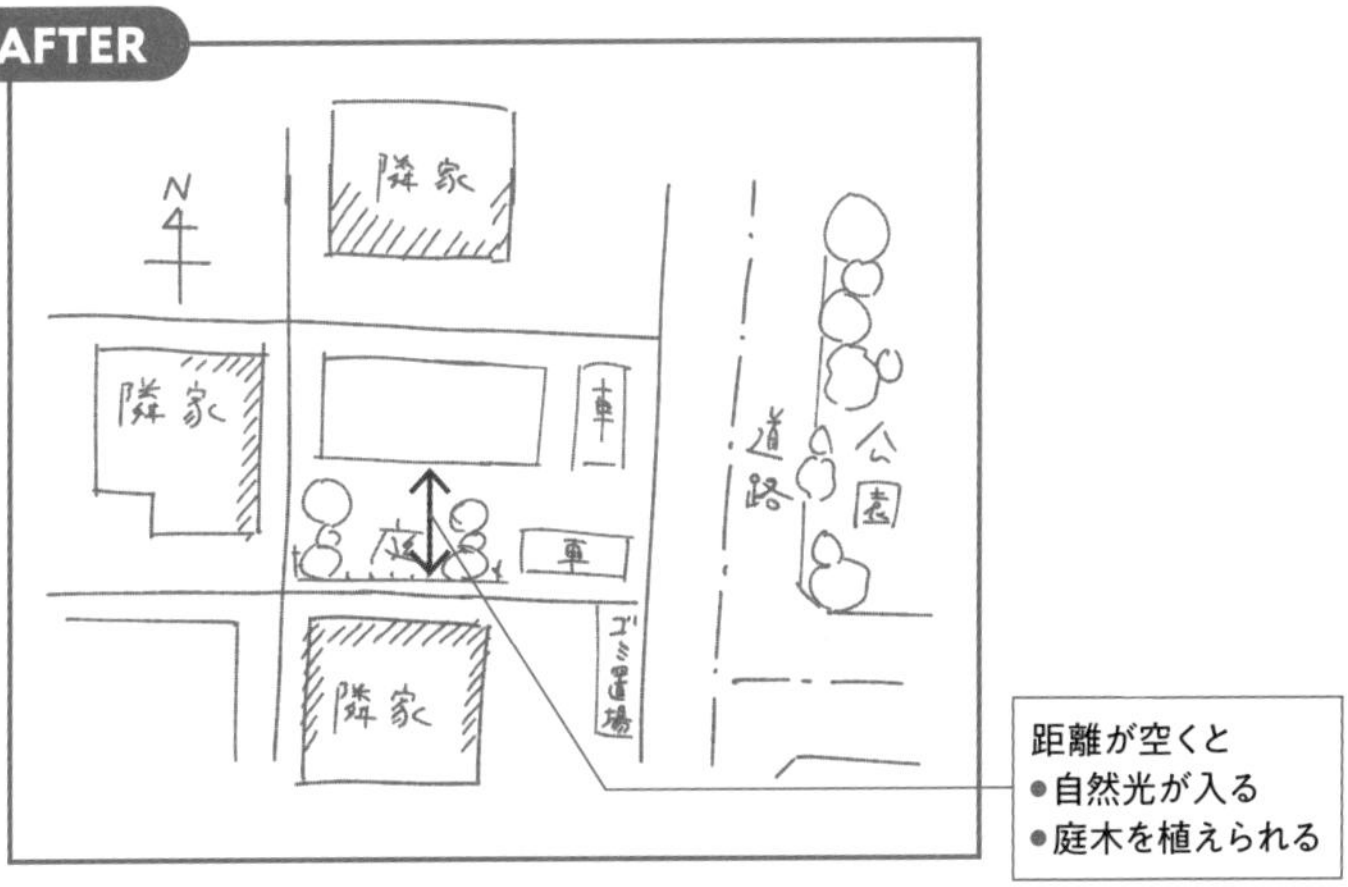

建物の形を工夫すれば、
庭の景色を変えられる

「リビングから何を見たいか」

を想像しよう。

「リビングは南向き」があたりまえ？

「南向き」にこだわりすぎると、最大の後悔ポイントに

リビングの配置にあたり、東西南北のどちらを向いて設計すべきかといえば、一般的には「南向き」がいいとされています。

確かに、日射の取得や採光を考え、私もまずは南向きでリビングを検討します。特に日射の取得は、冬にも居心地よく暮らすために重要です。1階でだめなら、「2階リビング」を提案します。

ただ、たとえば南側の建物との距離がとれなかったり、ゴミ捨て場や廃墟といった「見たくないもの」が南側に来ていたりと、南向きリビングが不向きであるケースもあります。それにもかかわらず、**無理に南向きを押し通せば「最大の後悔ポイント」になりかねません**から、南向き以外でリビングを検討すべきです。

その際には、道路側などなるべく空間のある方角へリビングを開くようにする、吹き抜けや高窓を設けて採光を増やすといった工夫が必要です。

結論をいうと、リビングはできれば南向きに設けたほうがいいですが、その他の方角でも工夫次第で十分に居心地のいいリビングをつくれます。

リビングの採光を考える

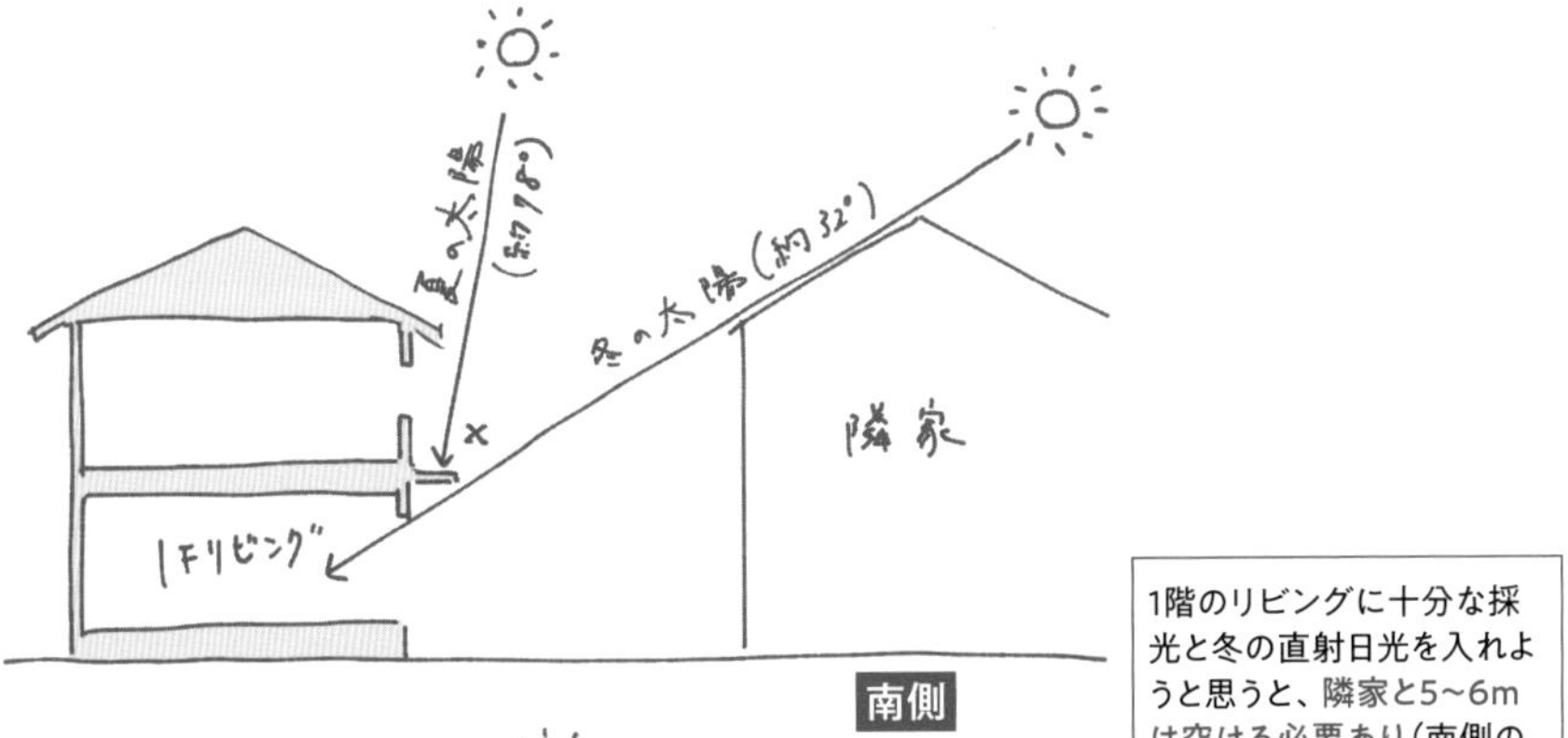
夏の太陽(約78°)
冬の太陽(約32°)
1Fリビング
1階のリビングに十分な採光と冬の直射日光を入れようと思うと、隣家と5〜6mは空ける必要あり（南側の建物の配置や高さによる）

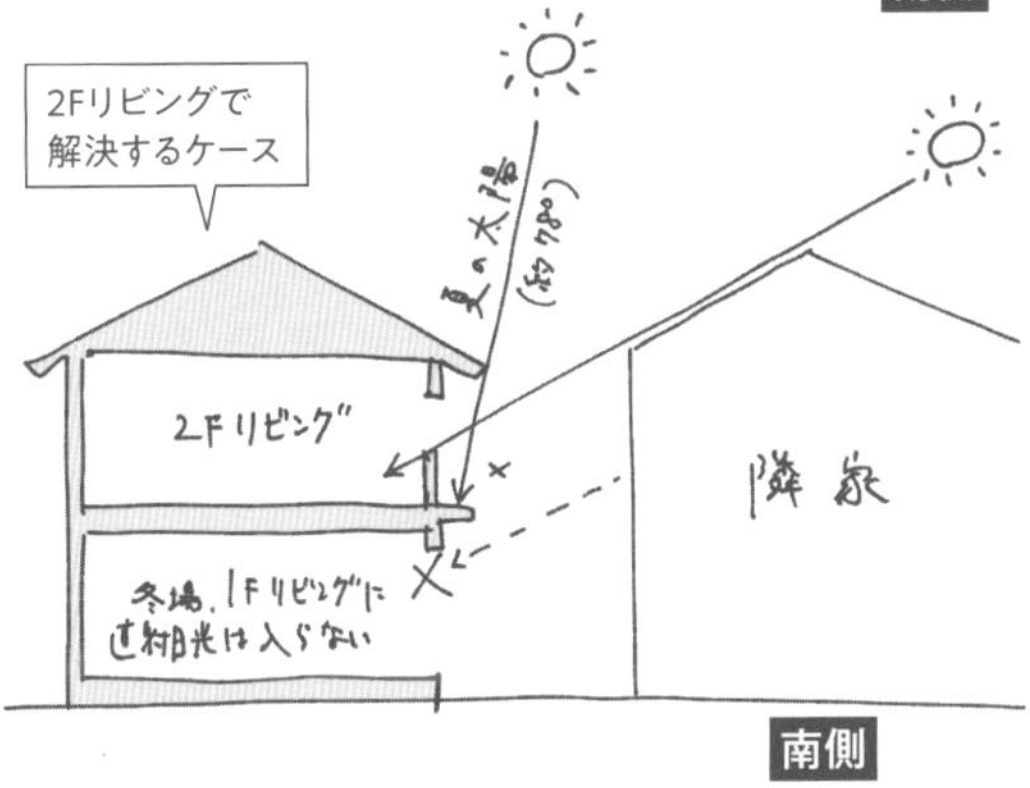

冬場、1Fリビングに直射日光は入らない

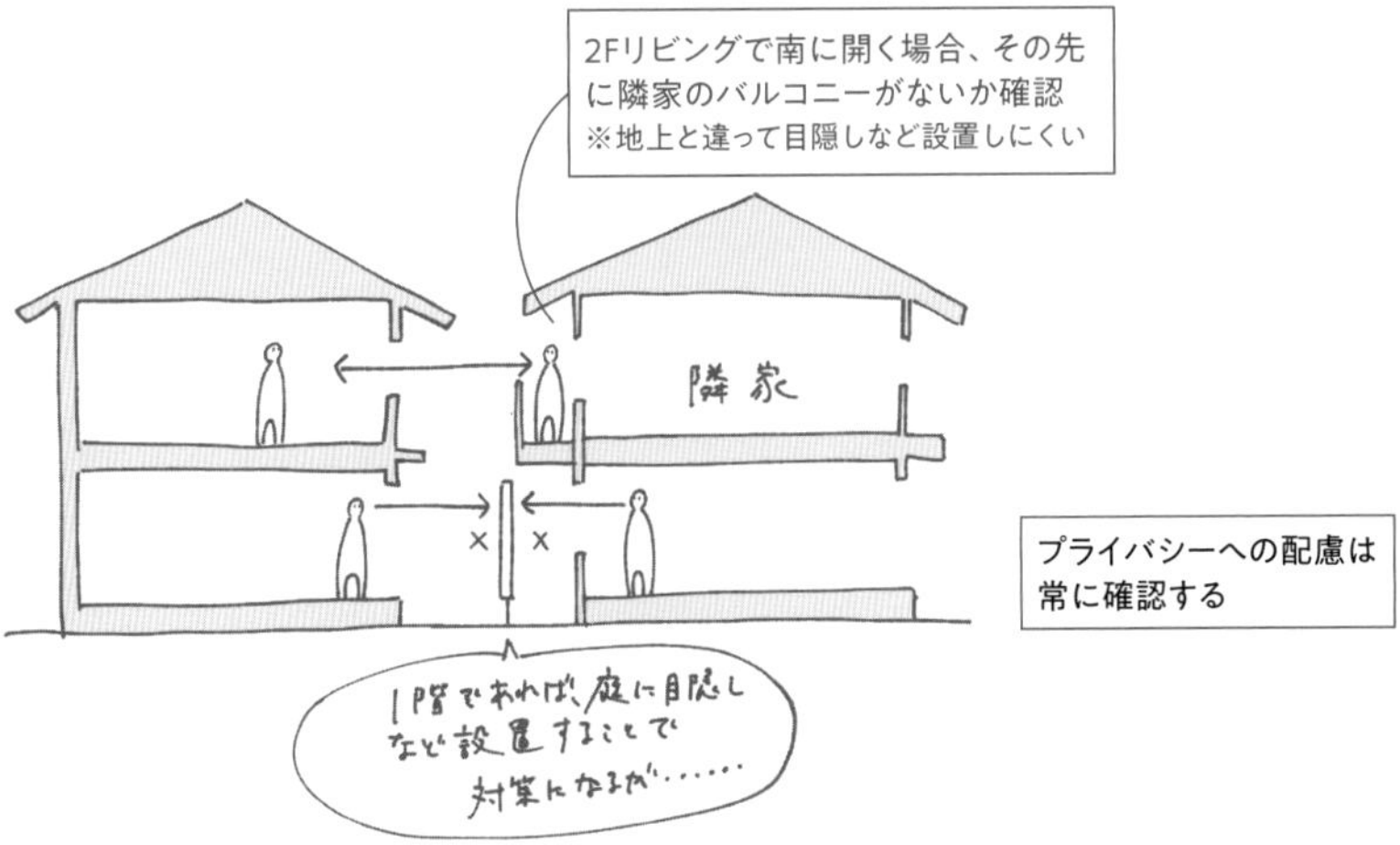

2Fリビングで解決するケース
夏の太陽(約78°)
2Fリビング

2Fリビングで南に開く場合、その先に隣家のバルコニーがないか確認
※地上と違って目隠しなど設置しにくい

プライバシーへの配慮は常に確認する
1階であれば、庭に目隠しなど設置することで対策になるが……

周辺環境によって「開くべき方向」は変わる

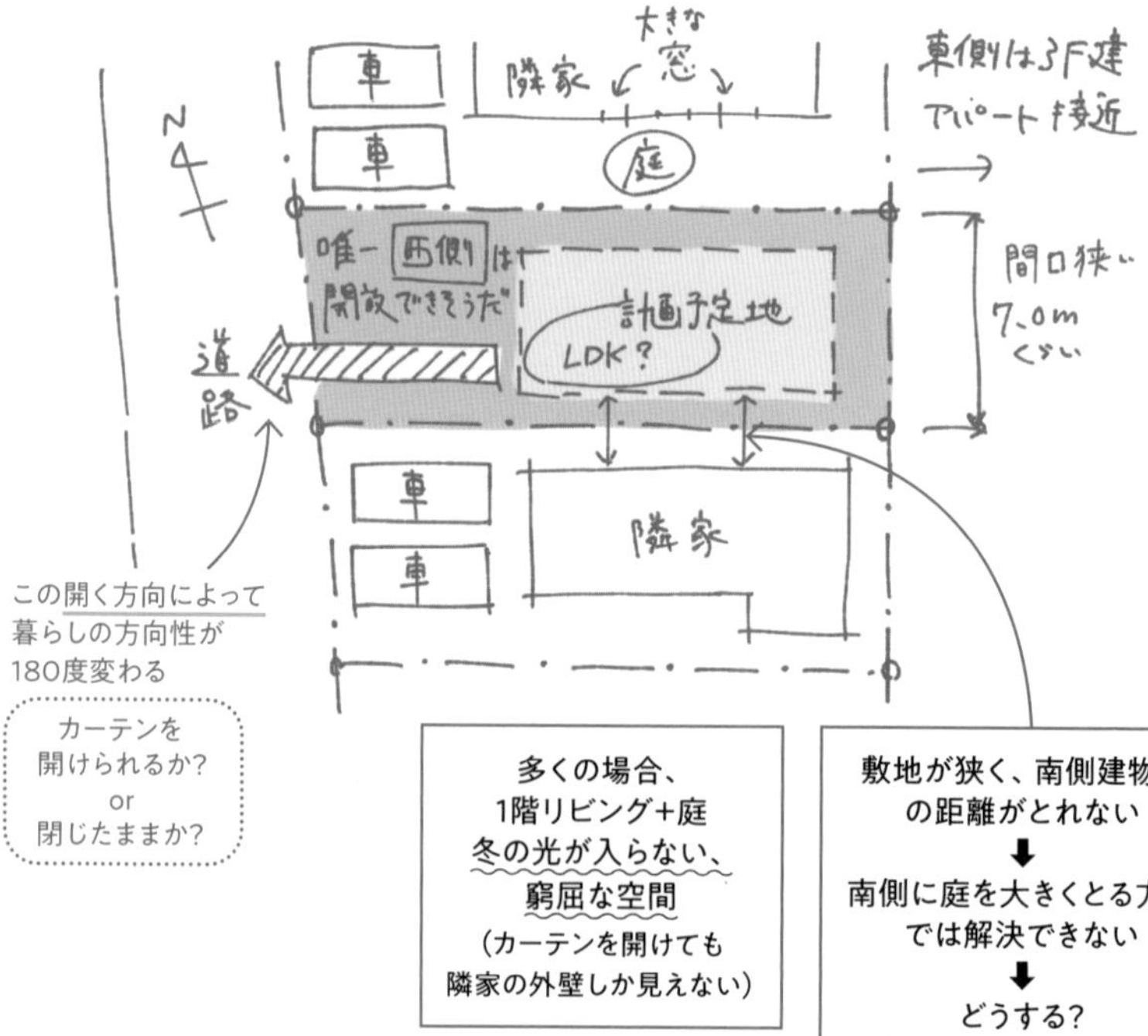

多くの場合、
1階リビング+庭
冬の光が入らない、
窮屈な空間
(カーテンを開けても
隣家の外壁しか見えない)

敷地が狭く、南側建物と
の距離がとれない
⬇
南側に庭を大きくとる方法
では解決できない
⬇
どうする?
(2階リビング以外で)
⬇
**南以外の方向に
リビングや庭をつくる方法
を考えてみる**

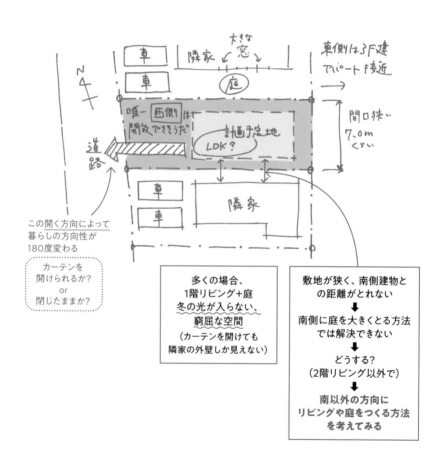

南向き以外のリビングの工夫

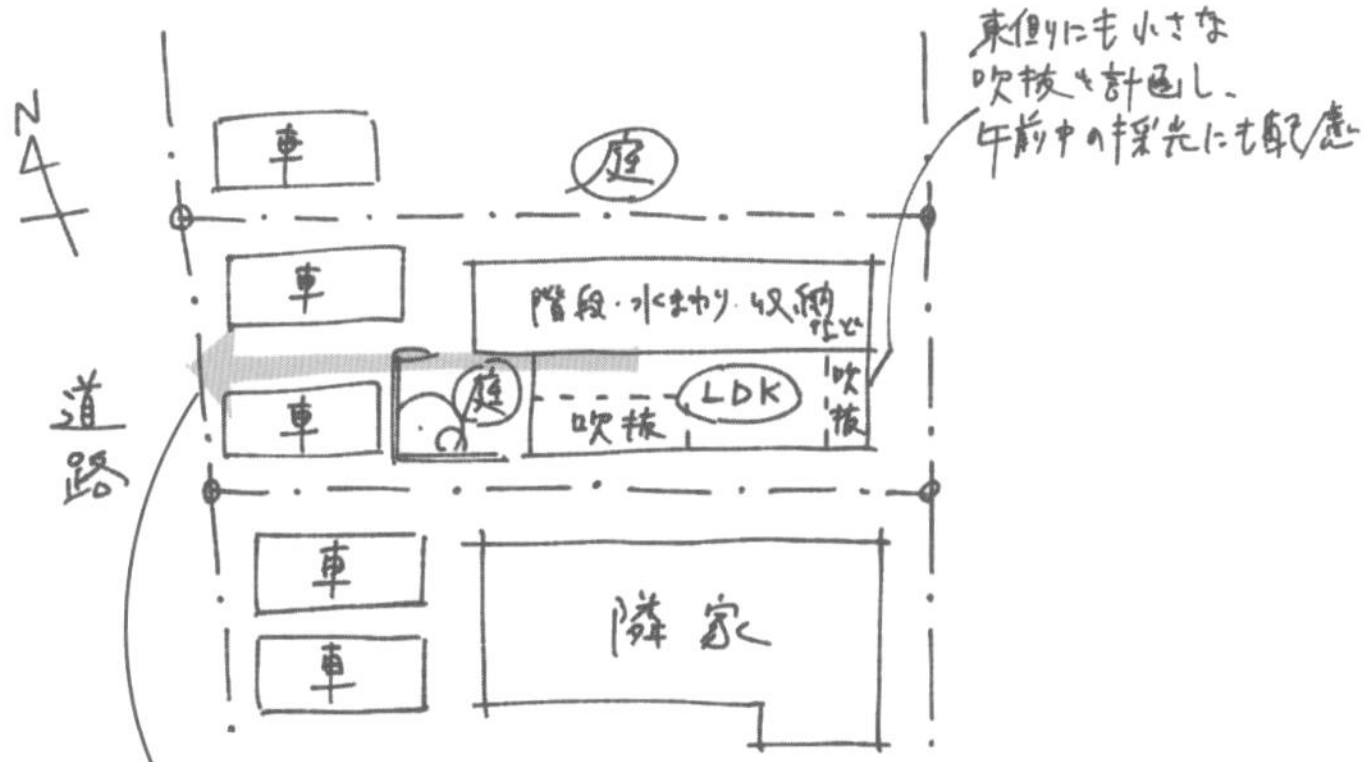

開けた西側道路へ向かって開く方法

問題点①
このままでは午前~正午まで暗い
解決策 **吹き抜けを活用**

問題点②
夏、西日をもろに受けるため暑い
解決策 **アウターシェード・ブラインド**
（おすすめは透明度の高いもの、電動タイプ）

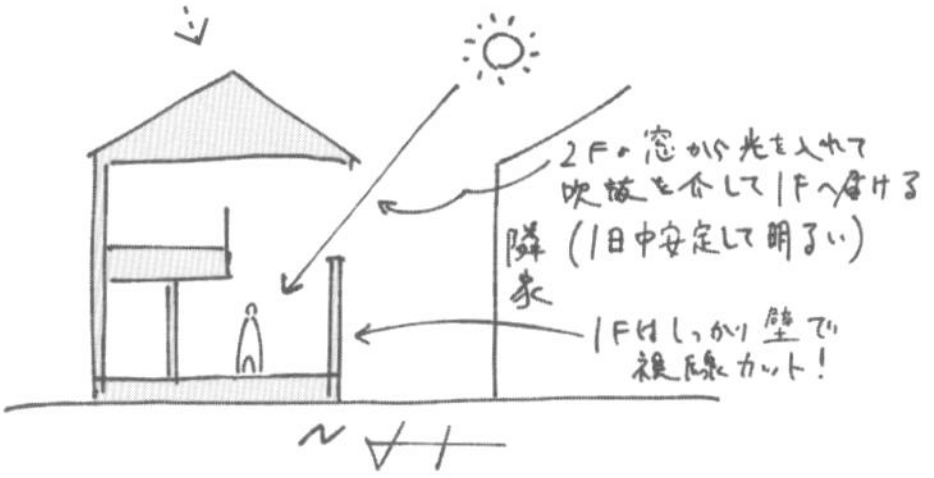

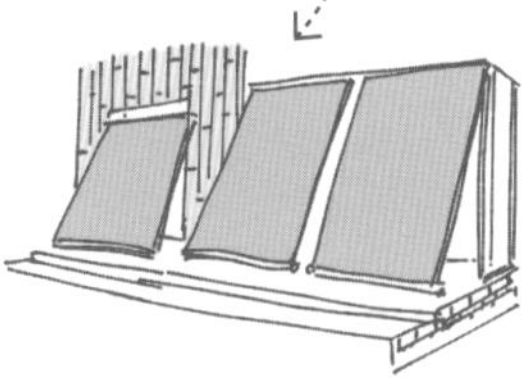

どの方角でも、工夫次第で
居心地のいいリビングはつくれる。

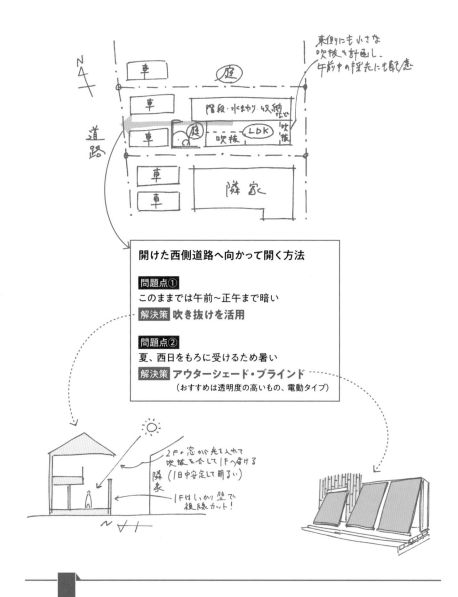

「LDKの常識」にとらわれてない？

固定観念を外すと、選択肢が広がる

「LDKは、1階にあるのがあたりまえ」「LDKは、3つでワンセット」。多くの人が常識と思っているこれらの発想は、実は固定観念にすぎません。

確かにLDKは、基本的に1階に配置しますが、それが最適ではないケースもあります。その解決策のひとつが、**「2階にLDKを配置する」**という方法です。

2階LDKは採光や直射日光の取得に優れ、眺望がよく、プライバシーも守りやすくなります。天井に勾配をつければ空間が広く使えます。建物の構造としても強くなります。

デメリットとしては、階段の上り下りが必要になりますが、家族が健康で暮らす数十年の間はあまり気にならないはず。病気や事故のリスクはゼロではありませんが、その可能性をおそれて快適さをあきらめ、1階につくるかどうか。リスクに対する個別の判断になります。

また、**LDKは「3点セット」ではありません。**たとえばダイニングを設けず、「LK」スタイルにして、ソファやテーブルを置かずに床座で生活してみる。こうして固定観念を外すと、家づくりの選択肢が広がります。

LDKは3点セットにしなくていい

LDK

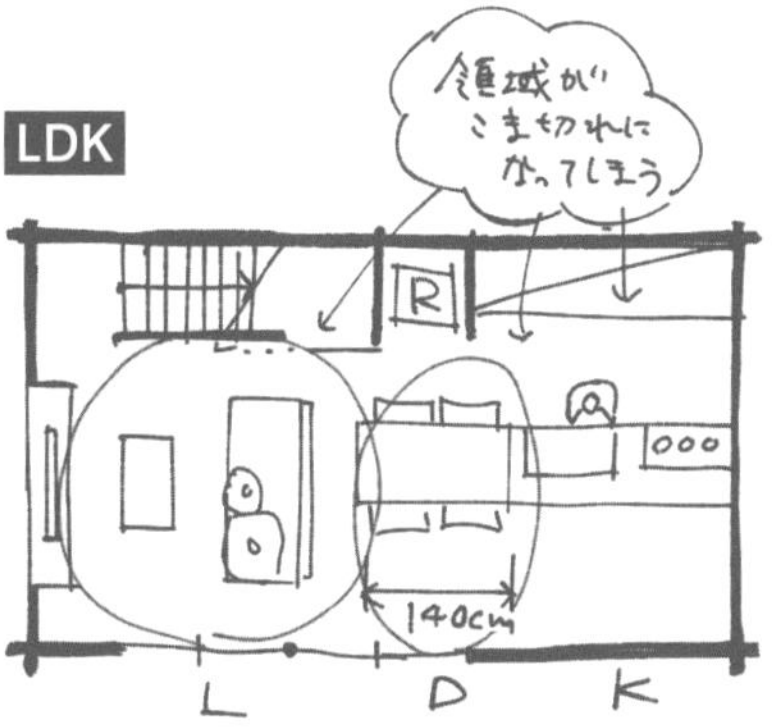

- 家具が多く、家具同士の距離が近い
  ➡狭く感じる、圧迫感、雑多感
- 床に寝転んだり、座ったりしにくい
  ➡居場所の使い方の自由がない

床座LK

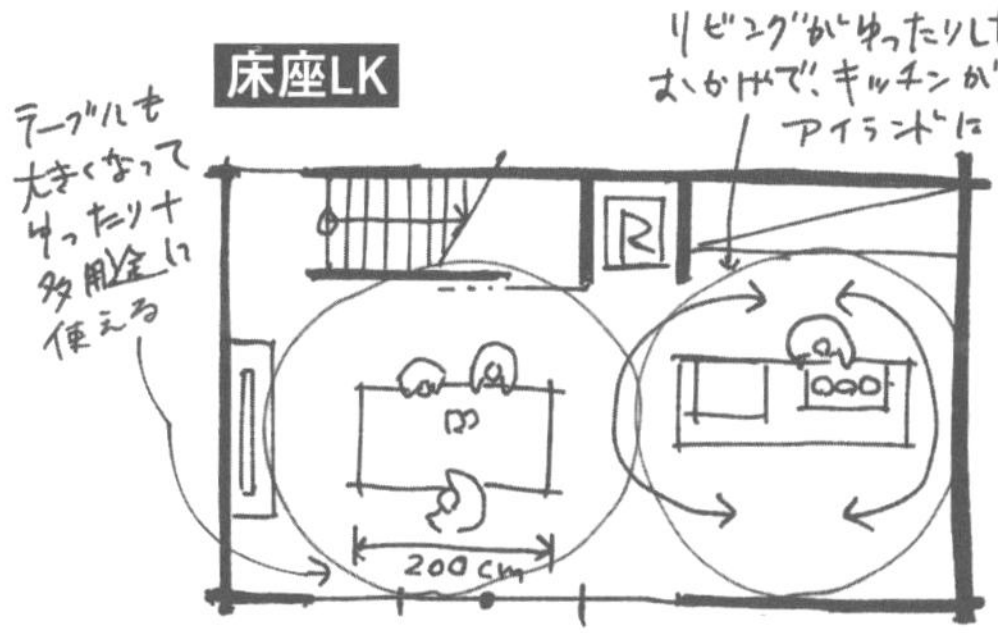

- 家具が少なく、広く感じる
- 全体的にゆったりと使える
  例）I型キッチン➡アイランド型キッチンに変更
- 余白が生まれるので、使い方に自由が生まれる

ゆとりが生まれ、用途の広がる間取りにしよう。

家事動線の誤解

家事ごとに区切って考えよう

あー！
くつ下
入っちゃった！

間取りに関する要望のひとつとしてよく挙がるのが、「家事がしやすい間取り」というもの。それを実現すべく登場するのが「家事動線」という言葉です。

家事動線を「キッチンや洗面所、物干し場などをなるべく近くに配し、効率的に移動できるようにする」ととらえている人が多くいます。

ただ、**実際にキッチンと洗面所が近ければ家事がラクになるかといえば、そうでもありません。**

たとえば洗濯機は全自動化が進んでおり、ボタンひとつで乾燥までできるものが増えています。それを使うと、ボタンを一度押したあとは、洗濯が済むまで洗面所に近づくことはないはずです。

何度も出入りするなら、動線という考え方が重要になりますが、それがないなら、水まわりを1カ所に集めて動線をつくる意味はあまりないでしょう。

たとえば1階にキッチン、2階に浴室と洗面所を設けても、問題なく家事をこなせるはずです。**あまり動線にこだわりすぎず、「家事ごと」に区切って、ラクな配置を考えてみる**といいと思います。

毎日の「家事」を分類してみよう

①料理

②あと片付け

③洗濯

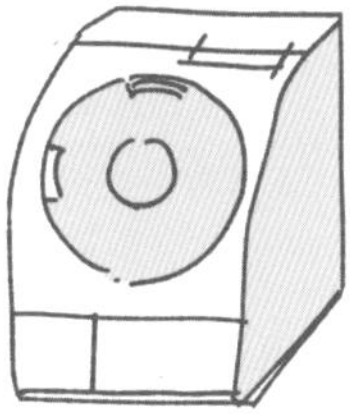

④収納

⑤掃除

⑥子どもやペットの世話

それぞれの家事を、
最短最小の動きでできる動線を目指したい

よく見る「家事動線のいい間取り」は本当？

建売住宅のチラシでよく見る間取り

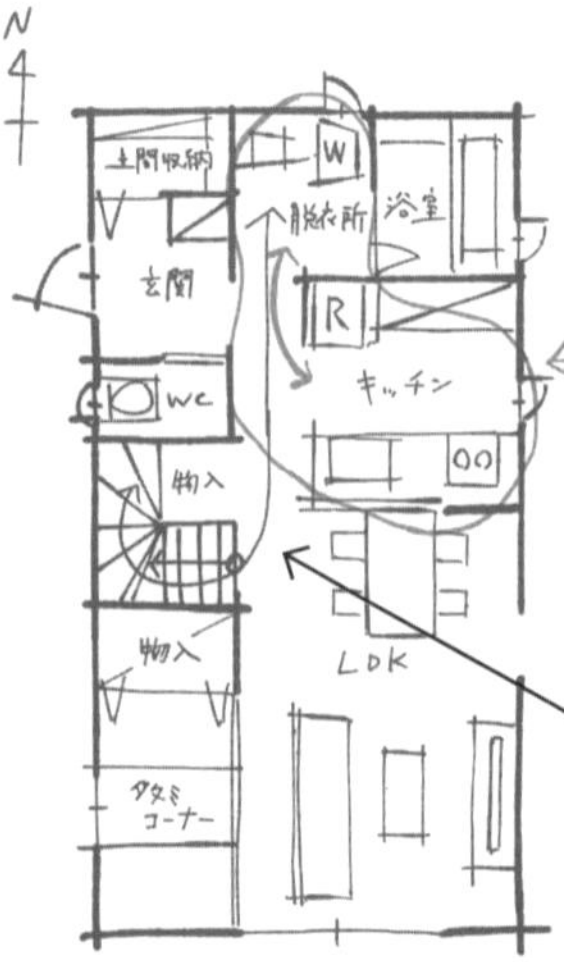

問題点

○キッチン⟷洗面脱衣所
← この動線だけで、果たして家事ラク動線!?

問題は、洗濯動線
洗面所で脱ぐ➡洗う➡階段➡2階寝室➡
バルコニー、サンルーム➡とり込む➡
たたむ➡WIC
※仮に庭で干すとしても、しんどい間取り

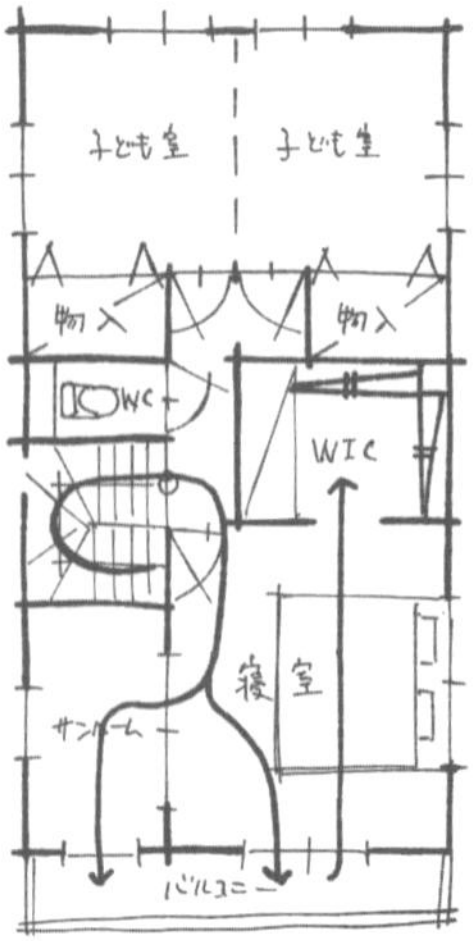

○重要なのは「家事ごとに」わけて
動線を整理・効率化すること!!

料理	パントリー、料理、配膳、あと片付けがスムーズか
洗濯	脱ぐ、洗う、干す、たたむ、しまうがスムーズか
掃除	まわれる動線か（行き止まりをつくらない）
育児	多目的に使えるスペースがあるか 収納（おもちゃ、本、着替え、お世話グッズなど）

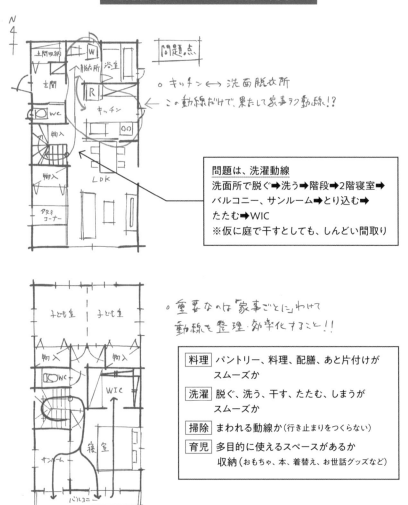

右ページの間取りを改善してみると

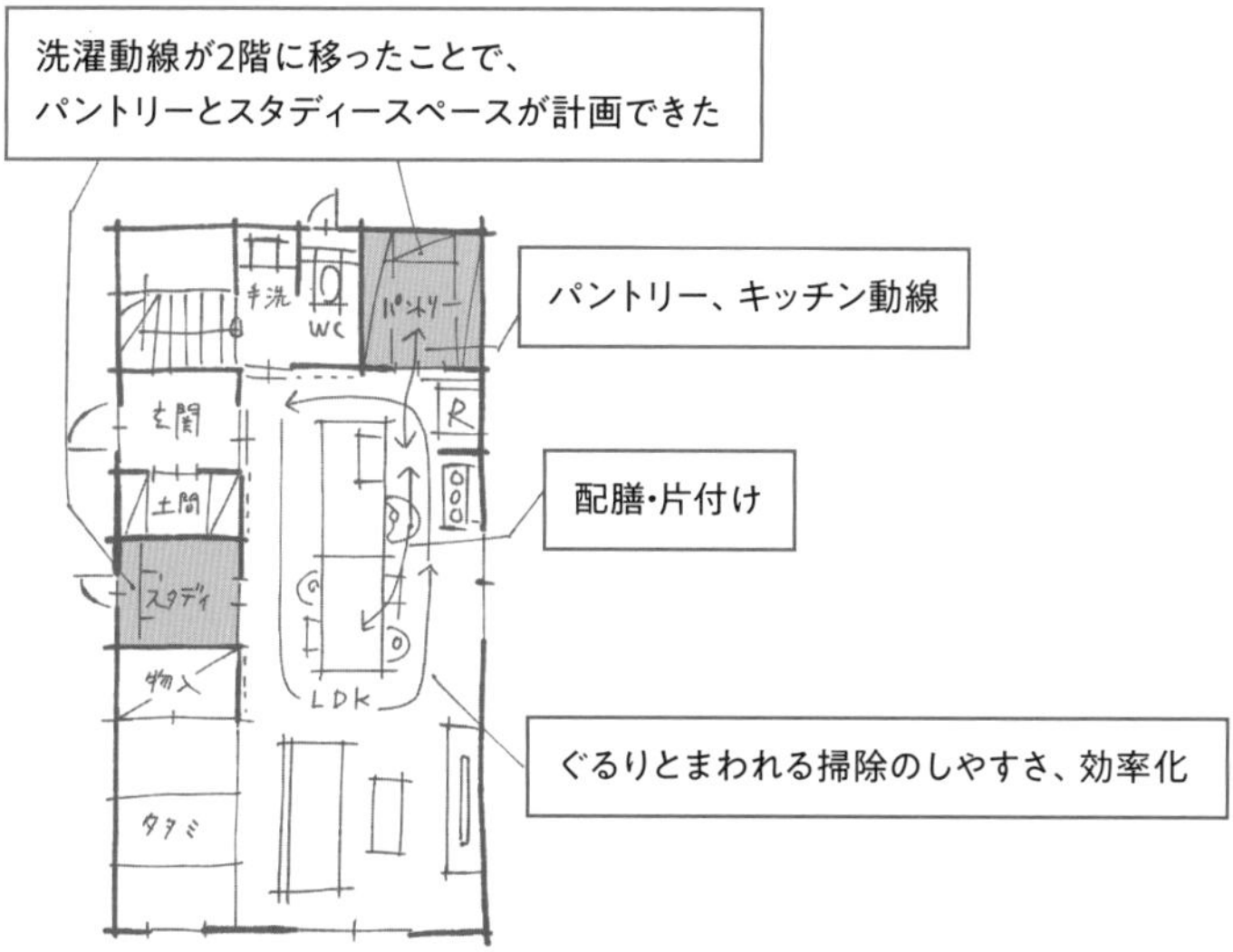
洗濯動線が2階に移ったことで、
パントリーとスタディースペースが計画できた
パントリー、キッチン動線
配膳・片付け
ぐるりとまわれる掃除のしやすさ、効率化
手洗
WC
パントリー
R
玄関
土間
スタディ
物入
LDK
タタミ

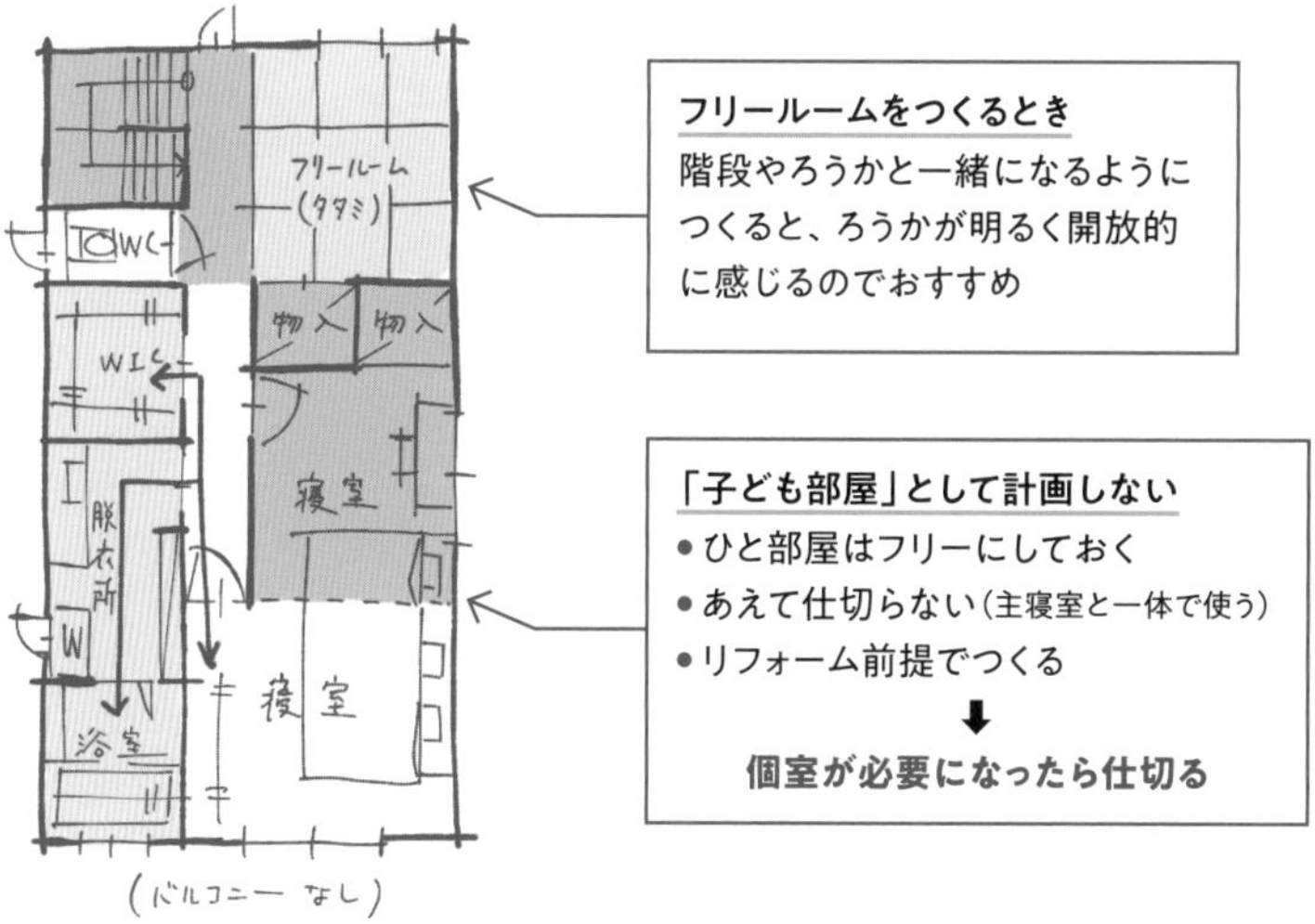
フリールームをつくるとき
階段やろうかと一緒になるように
つくると、ろうかが明るく開放的
に感じるのでおすすめ
「子ども部屋」として計画しない
●ひと部屋はフリーにしておく
●あえて仕切らない（主寝室と一体で使う）
●リフォーム前提でつくる
⬇
個室が必要になったら仕切る
フリールーム
（タタミ）
WC
物入
物入
WIC
寝室
脱衣所
W
寝室
浴室
（バルコニー なし）

家族みんながストレスフリーな動線を考えよう。

後悔続出！ キッチンで失敗しないために

キッチンに何を求めるかを整理して

いいえ
おかしな人ね
おかし
なんか
食べてない？

家を建てたあとに、「こうしておけば……」という後悔がもっとも発生しやすい場所。それがキッチンです。カウンターの高さ、食洗器や加熱機器の選択、コンセントの位置や数など、ひとつ間違うだけで、とたんに使い勝手が悪くなる……。そうしたキッチンでの失敗をしないために、押さえたいポイントを挙げていきます。

カウンターの高さは、１・１～１・３ｍが目安となります。食洗器は、「浅型は思いの外食器が入らない」と感じる人が多く、**深型食洗機がおすすめ**です。加熱機器は、**掃除のしやすさ重視ならＩＨ**です。直火での加熱により、火の通りや味の染み方に優れるガスコンロは、料理好きの人に向いています。

ないと意外に不便なのが、コンセント。どのような家電を使い、何個必要かをしっかり計画し、迷ったら、シンク側にもつけておきましょう。冷蔵庫は、あまり目立たず、かつ使いやすい位置に配置したいところ。カップボードをつくるなら、足元にゴミ箱を格納できるスペースがあると便利です。

主観的おすすめキッチンレイアウト

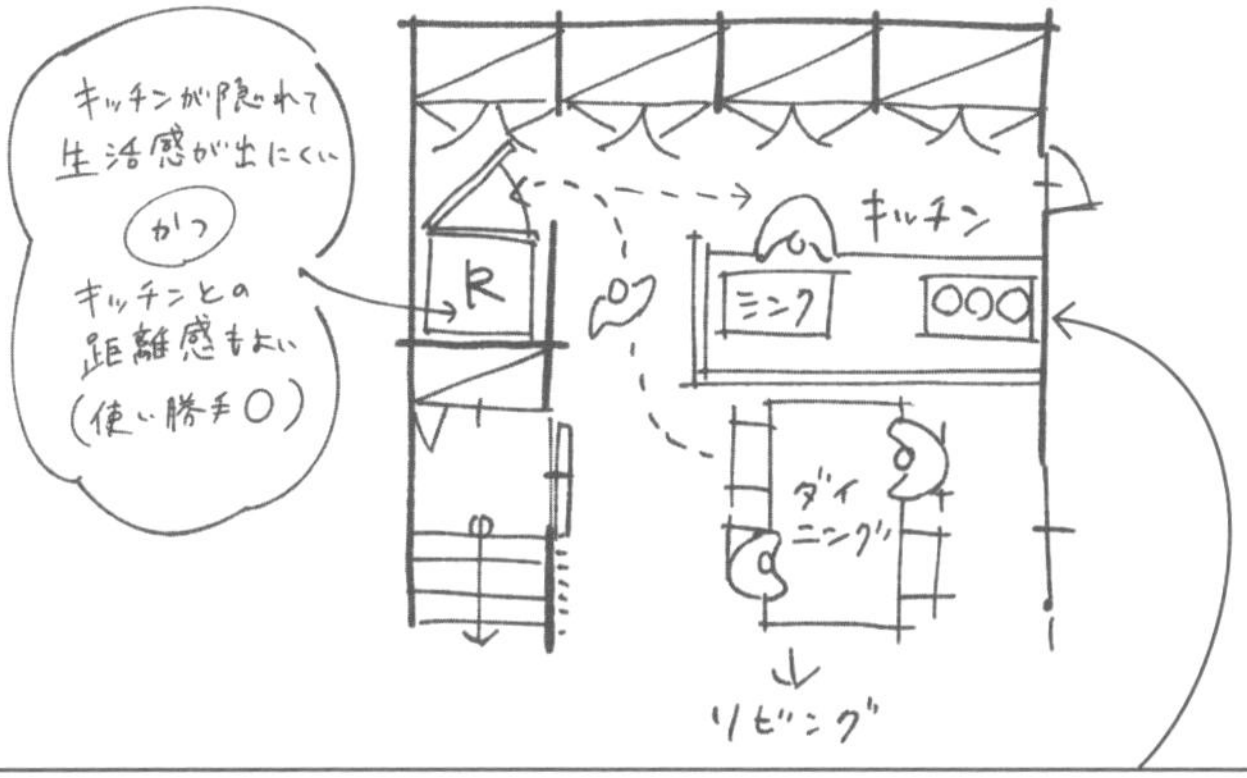

腰壁カウンター

既製品のキッチンの場合、ワークトップや扉の色をダイニングキッチンのインテリアと合わせづらい。「腰壁」があると縁を切り、好きな仕上げにできる（タイル、木、塗り壁など）のでおすすめ。フラットな対面キッチンも人気だが、キッチンの手元が隠せたほうが安心。

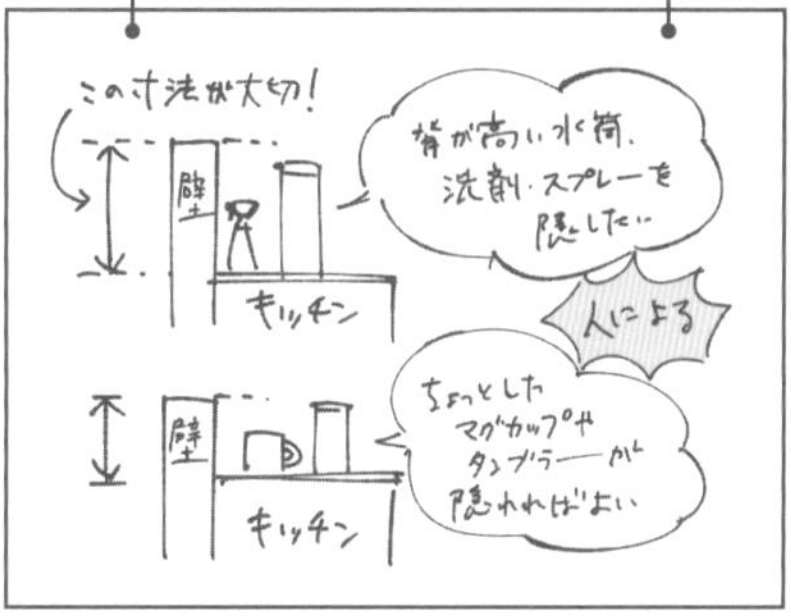

見た目と使いやすさを両立しよう。

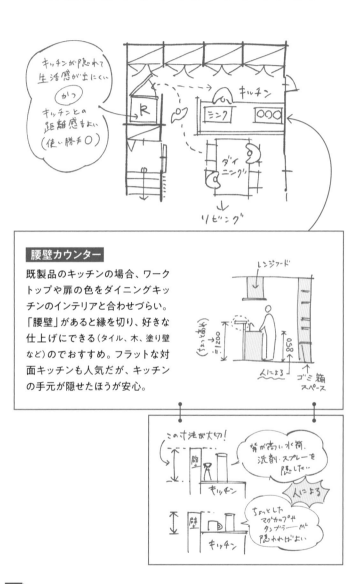

「トイレは2階にも必要か」問題

ひとつ増やすと約50万円のコスト高に

勝ったほうが
この家の
トイレだ！

注文住宅において、近年の定番といえるのが、「2階にもトイレ」です。1階と併せて2つのトイレを設けるのを、あたりまえと考えている人もいるでしょう。そうしてなんとなくトイレを2つ依頼する前に、考えてほしいことがあります。

私のリサーチにおいて、**建築後に2階トイレを頻繁に使用しているという話を聞いたことがありません**。「掃除が面倒だからできるだけ1階を使う」という人もいます。それほど使用頻度の低い設備に予算と空間を割く必要が、果たしてあるでしょうか。

確かに、トイレが2つあれば、家族の「朝のトイレ渋滞」は解消でき、2階で過ごしているときには下に降りずに用が足せて便利です。

一方で、便器、換気扇といったトイレ空間の費用だけでなく、ドアなどの建具も追加せねばならず、**合計で50万円前後、コストが増えます**。掃除の手間が2倍に増え、1日に1度は使わないと排水管のにおいが逆流してくることもあります。メリットとデメリットを天秤にかけ、納得したうえで選ぶ必要があるでしょう。

2階トイレのメリット・デメリット

メリット

- 朝のトイレ渋滞解消
- 深夜にトイレに起きたときに、1階まで降りなくていい

デメリット

- コストアップ（約50万円）
- 設計の自由度が下がる
- 1階のパイプスペースが増える
- メンテナンス、掃除する場所が増える
- 毎日使わないと、封水切れで匂いが発生することがある

（注）よくない採用理由

「なんとなく」「戸建ては普通2つあるから」

ちなみに……

事務所衛生基準では、「女性で」20人あたり1カ所と決められている

【厚生労働省事務所衛生基準規則第17条1】
男性用と女性用に区別すること
男性用大便器：60人以内毎に1個以上（同時に就業する男性労働者）
男性用小便器：30人以内毎に1個以上（同時に就業する男性労働者）
女性用便器：20人以内毎に1個以上（同時に就業する女性労働者）
・同上　第18条
洗面設備を設置しなければならない（個数の規定はない）

- 事務所と住宅の用途の違いはあれど、4人家族について、2カ所の便器を設置するのは過剰ではないか
- 家の面積を最小限にして、暮らしの質を最大限に上げたいので、「排泄をする場所」を2つつくるより優先すべきことがある

※ただ、2世帯や大家族（6人以上）など、多人数の場合は状況に応じて計画すべき

メリットとデメリットを
比較してから決めよう。

洗面脱衣所の中に、トイレってあり？

におい対策をすれば、空間の有効活用に

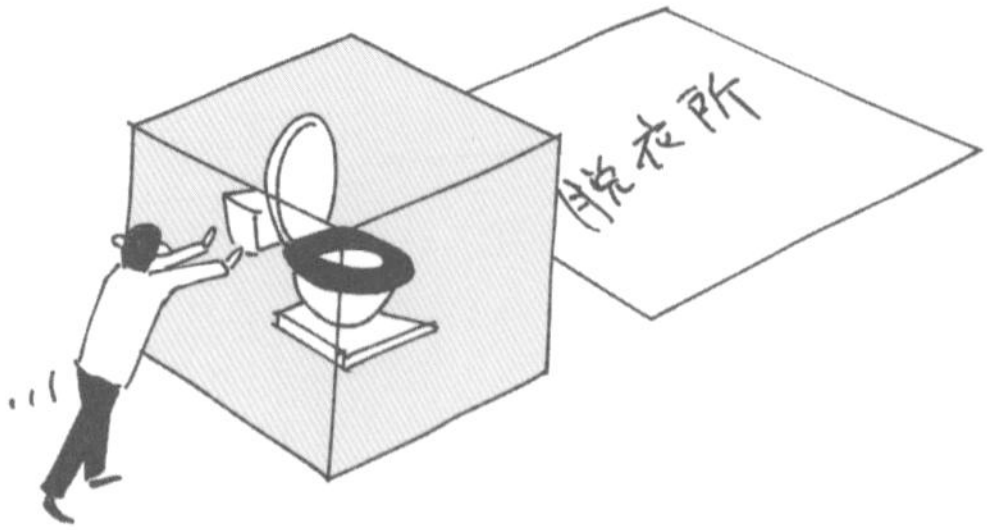

トイレの空間が狭くなると、普段から出入りしづらく、病気やケガで動きが制限される際などには使用できなくなるかもしれません。

それを避ける工夫としては、洗面脱衣所に**トイレを組み込む**という方法があります。そうすると入り口が広くとれますし、空間的には洗面脱衣所とひと続きになるので、暖房もしやすくなります。ろうかの空間が不要になるため、収納などに割り振れます。

ただ、デメリットもいくつかあります。**いちばんのマイナス点は「におい」**。洗面脱衣所を使うときに、トイレのにおいが気になることもあるでしょう。扉がありませんから、誰かがトイレを利用するタイミングで、お風呂にも入りづらいものです。対策としては、**脱臭性能の高い便器や、適切な換気システムを採用すると、においがだいぶ軽減**できます。

どうしても視線が気になるなら、カーテンで仕切るという手もあります。「トイレは必ず個室でなければならない」という決まりなどありません。状況に合わせた選択をしましょう。

洗面脱衣所とトイレを一体化するメリット・デメリット

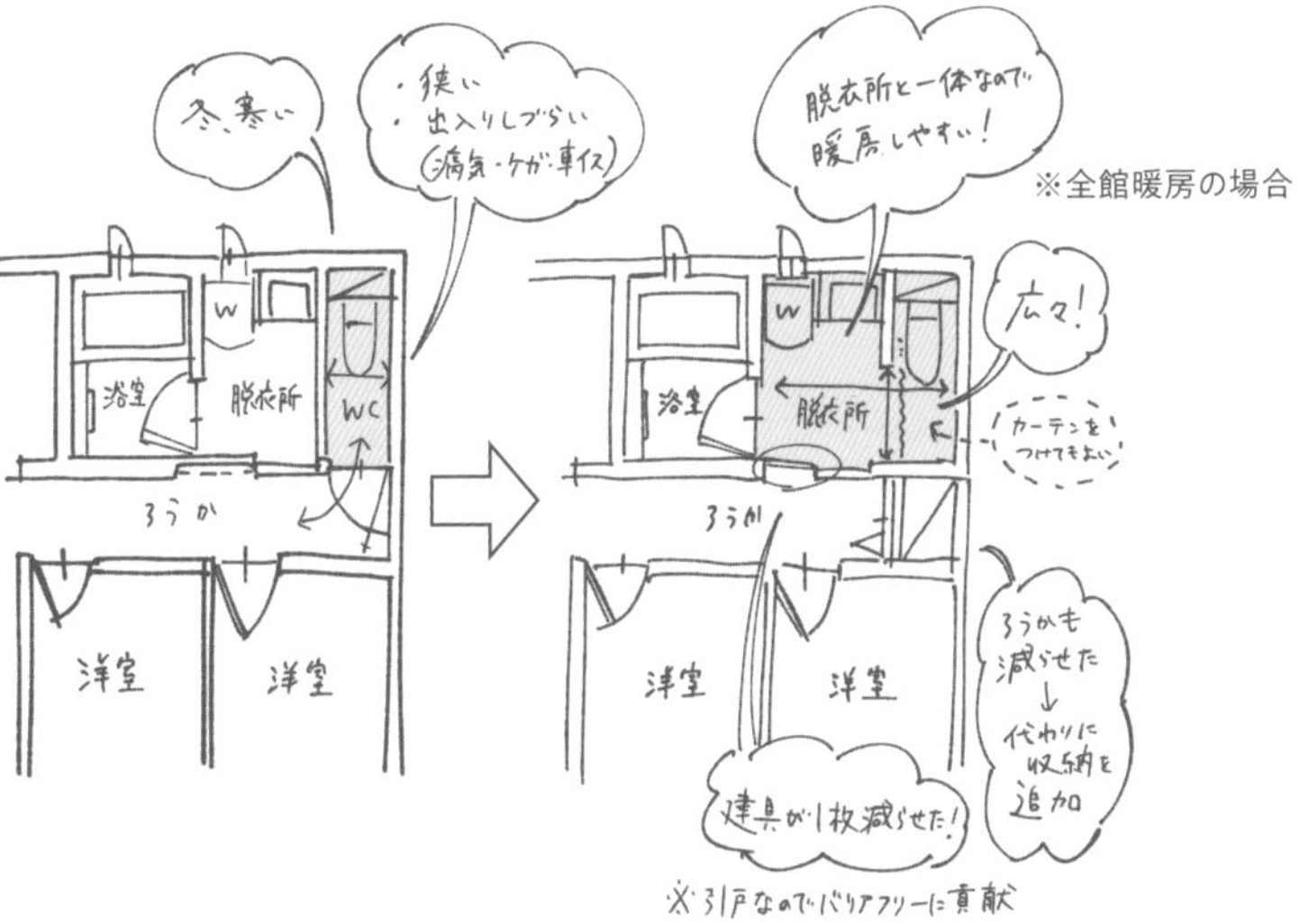

メリット

- 空間を広々と使える（バリアフリー）
- 建具が1枚不要になる
- 暖房がききやすい

デメリット

- においの残りは少なからずある
- 同時使用が難しい

デメリットの対策は？

- 換気計画（適切な換気扇・脱臭機能の高い便器を採用するなど）
- カーテンの設置（どうしても仕切りたいとき）

「トイレ＝個室」という常識を手放してみよう。

トイレや浴室に、窓は必要？

換気のためなら不要、構造上もメリット多数

トイレや浴室に窓を設けるのも、「あたりまえ」のひとつかもしれません。確かに窓があれば、自然光が入ってよいのですが、**「換気や通風のために窓が必要」と考えているなら、それは勘違いです。**

現代の換気設備や便器の進化で、よどんだ空気は窓がなくとも十分に換気できます。その点は、窓を設けずとも問題ありません。

トイレや浴室に「窓を設けない」メリットは、いくつもあります。まず前述した通り構造的な弱点である窓を減らせ、断熱性を上げ、掃除の手間も省けます。また、トイレや浴室を外壁側ではなく建物の内側に配置するという選択肢が加わることで、間取りの自由度がより高まります。そうして設計上の課題を解決できるようになるケースも多いです。

マンションやアパートでは、トイレや浴室に窓がない部屋は日常的にありますが、それで不便を感じている人はほとんどいないはずです。「あたりまえ」に縛られず、柔軟に検討することで、間取りの可能性は広がります。

「換気や通風のため」の窓はなくていい

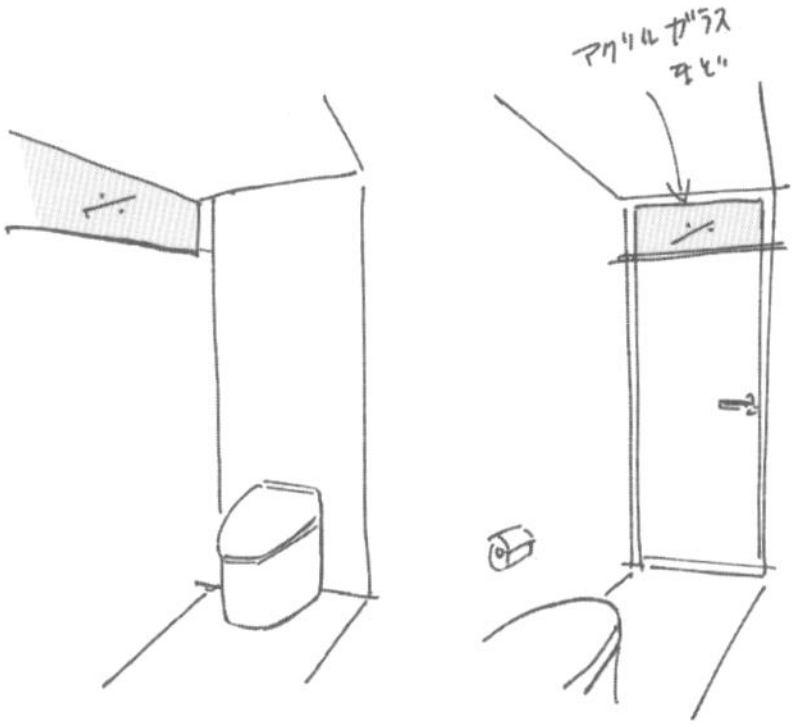

窓をつくらずに採光をとることもできる

間接採光……隣接するろうかや部屋から明かりをとり入れること。

浴室でよくある勘違い

✕ 窓を開けたまま、換気扇をつけること

排気（出口）

換気＝給気＋排気
距離は遠いほうがいい

給気（入り口）

（浴室・ドアの隙間などから空気を取り込む）

➡：◯ 床→壁→天井というように順調に換気され、乾いていく

：△ ショートサーキット
給気と排気が近すぎて、換気効率が悪い状態

トイレも浴室も、窓はなくてもまったく困らない。

「かわいい子ども部屋」の呪縛

装飾するほど、他の用途に使いづらい

かわいいわが子のための部屋は、とっておきにチャーミングにしたい。そんな気持ち、わかります。ただ、その親の思いを全開で表現するのは、ぐっと我慢したいところです。キャラクターや派手な柄物の壁紙、動物のイラスト満載のカーテン……。いかにも「子ども部屋」といった風情の仕様にするほど、**他の用途に使いづらくなり、部屋としての自由度が下がります。**「かわいい子ども部屋」がしっくりくる時期は、トータルで10年もないでしょうが、家には40年、50年と住み続けます。

子どもが使わなくなった時点で、**「かわいい子ども部屋」は「使いづらい部屋」に変わり、結果的に物置になるケース**をよく見ます。さて、みなさんの実家の子ども部屋は、どうなっているでしょう。

家をつくる段階では、子ども部屋はできるだけシンプルなデザインにしておくのがおすすめです。もしかわいくしたいなら、はがせる壁紙やステッカー、クッションフロアなどをあとづけで装飾するといいでしょう。

子ども部屋として何年使う？

早くて小学校入学時
⬇
小学校・中学校・高校・大学（社会人）
⬇
自立？

キャラクターや派手な柄物の壁紙、
動物のイラスト満載のカーテン……

愛する子どものためにかわいくしたい

⬇

「子どもへの愛情」「かわいさ」は、
「家」自体で表現しなくてもいいかも？

⬇

あまり装飾しすぎると、
「かわいい子ども部屋」→「使いづらい部屋」
結果的に物置に……

子ども部屋はできるだけシンプルに

子ども自身が、好きなようにカスタマイズしていけるのが、本来の子ども部屋の楽しみ方

子ども部屋を簡単におしゃれにするアイデア

- はがせる壁紙（WALPA・はがせるのりを使用）
- ウォールステッカー（ニトリ・IKEAなど）
- ファブリックボード（好きな布、発泡スチロールボード、両面テープなど）
- はがせるクッションフロア（サンゲツなど。カーペットテープを使えば元の床を傷つけずに張り替えも容易）

子ども自身がカスタマイズできる余白を残そう。

子ども部屋の広さ、どれくらいがいい？

広くつくりすぎず、共有スペースの活用を

ママー
素数ってなに？
知らないわ

一般的に子ども部屋の広さの要望は、6畳前後が多いです。ベッドと学習机、タンスなどを置いてもそれなりに余裕のあるサイズとして、採用されることが多いようです。

ただ私は、**子ども部屋は3畳でも十分にその役目を果たせる**と考えています。そもそも「子ども部屋は個室で、ベッド、机、タンスを置かねばならない」というのは固定観念です。むしろそれぞれの要素を分解して考えることで、幅広い選択肢が生まれます。

たとえば、子ども部屋にはベッドとタンスだけを置き、勉強はリビングやダイニングでするようにすれば、必要になるスペースが減ります。学習机と一体になったロフトベッドを採用して縦の空間を活用すると、やはりコンパクトになります。こうして要素をひとつ削るだけで、3畳でも問題なく過ごせるはずです。

子どもは、リビングやダイニングといった家族との共同空間で社会性を身につけていきます。**個室にこもるよりも、家族の中で過ごす時間が増えるような間取りにするのがおすすめです。**

子ども部屋は3畳あれば十分

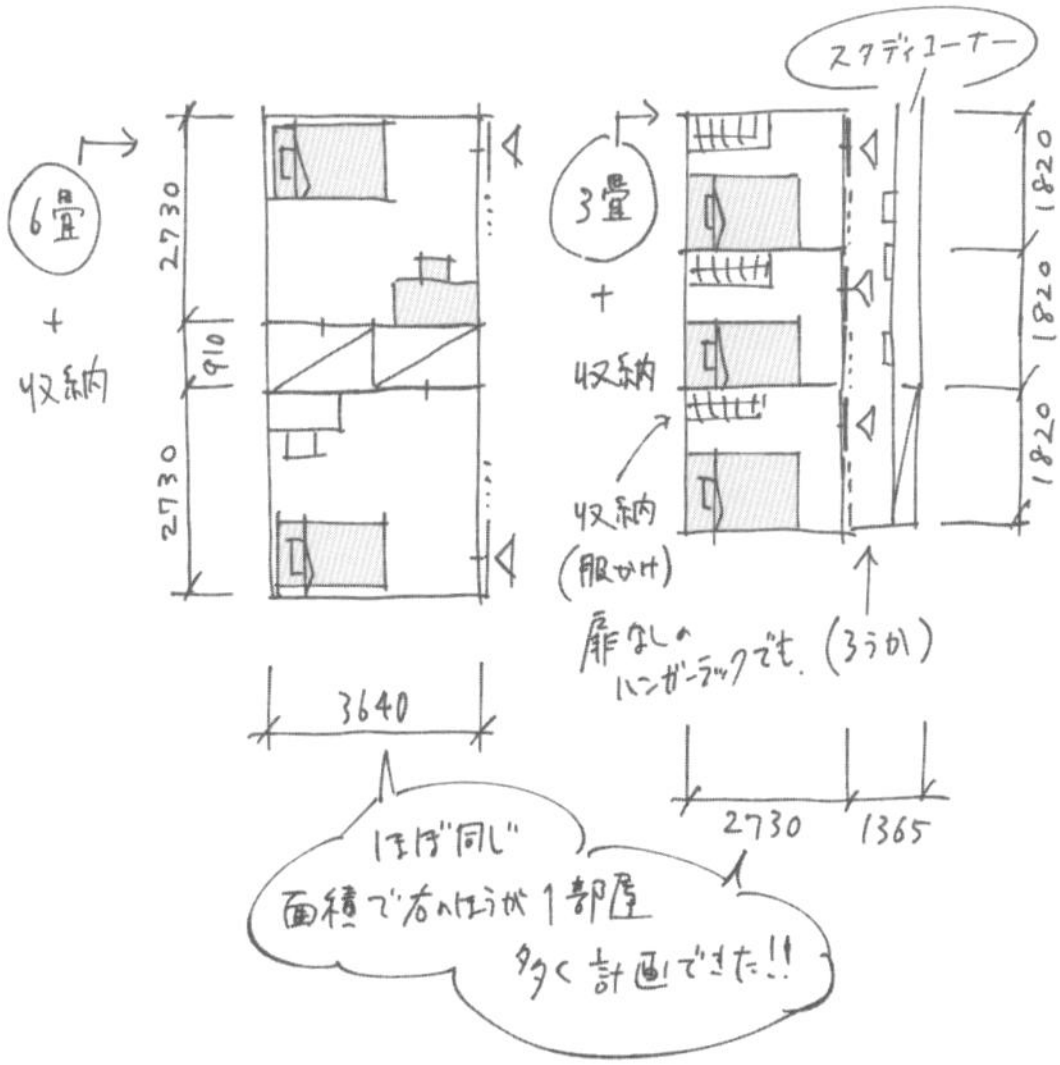

POINT

- 子ども部屋 = ベッド + 勉強机 + 収納
  3要素がすべて部屋の中にある必要はない

必ず
分解して
考える

- 子ども部屋の外に「カウンター」「本棚」などを計画すれば、
  ろうかと面積を共有できて省スペース

⬇

子ども同士、家族同士のコミュニケーション促進になる

さらに、ロフトベッドにすれば、
ろうかの勉強スペースも不要に

子どもがこもる個室は小さく、家族で過ごすスペースを大きく。

ゲストルーム、本当にいる？

家族の暮らしのために予算を使おう

「誰かが泊まりに来たときのために」。そう考えて、ゲストルームや和室のような個室をつくっておきたいという依頼がよくあります。私はそんな際に、必ず「だいたい年に何回、人が泊まりに来ますか」と聞きます。すると多くが、「年に2〜3回」という答えなので「その程度であれば、間違いなくやめておくべき」と私はアドバイスをします。

なぜなら、**建築コストが200万円ほどかかるのを考えれば、割に合わない**と思うからです。

年に2回、20年使っても、宿泊1回あたり5万円を支払う計算です。その金額を出すなら、自宅より高級ホテルに泊まってもらったほうが、きっと相手は喜ぶでしょう。

宿泊用の部屋をとりやめ、その予算を家の性能向上にあてれば、家族がより快適に、健康に暮らしていけます。たとえば断熱性能なら1〜2段階アップでき、家の平均室温が上がり、光熱費も節約できます。**家の主役は、あくまで家族。**自分たちの暮らしのために予算を使いましょう。

ゲストルーム、一部屋200万円!?

設計者「だいたい年に何回、人が泊まりに来ますか？」

施主「2、3回くらい……？」

「365日の中で2〜3日」のために、
仕切られる個室を用意しておく必要はあるか?

一部屋（6畳の個室）の予算は、約200万円！

たとえば……
両親が年に2回×20年遊びに来る場合

宿泊1回あたり5万円の部屋ということ
自宅より近くのいいホテル＋交通費にあてたほうが相手にも喜んでもらえるかも?
（ゲストルームとしてだけでなく、日常的に使う部屋であれば問題ない）

よくあるケース

「小さな子どもをお昼寝させたいから畳スペースが必要」

- お昼寝に使うのは何年間?
- リビングを広くつくり、敷きパネルや置き畳を敷いてもいいかも

年に数回泊まりに来る人のためではなく、
「家族」が健康で快適に暮らせるような予算の使い方を

誰かのための部屋ではなく、
家族の快適さを優先しよう。

つくってはいけない「開かずのバルコニー」

本当に必要か、用途をよく考えて

使ってないし
よくない？
あれれ、開かない

「あるのが普通でしょ」となんとなくつけてしまいがちな設備の最たるものが、バルコニーです。

ただ、実はバルコニーには、デメリットがいくつも存在します。**建築コストが１００万円単位で増えますし**、野ざらしになる部分なので劣化が早く、メンテナンスコストもかさみます。排水溝などの掃除も必要です。

それほど手がかかるのに、なぜバルコニーがほしいのか。「物干し場として使う」という人がよくいますが、前述のデメリットを考えれば、**庭に干したほうが圧倒的にラクで低コスト**であると思います。庭がないとしても、**全自動洗濯乾燥機を採用したり、浴室や脱衣所に室内干しできるスペース**をつくったりしたほうが、確実にメリットが大きいです。

近年は、花粉症やＰＭ２・５、黄砂などで、外に干さない人も増えています。結果的に、ほぼ使用されない**「開かずのバルコニー」が増えており、後悔する人も多い**です。バルコニーで果たして自分たちの暮らしがより豊かになるか。十分考えて、設置を検討しましょう。

こんなにあるバルコニーのデメリット

コストアップ

- 数十〜100万円単位で増額する

メンテナンスする場所が増える、メンテナンスコストもUP

- バルコニー内の排水溝に異物やゴミがたまることも→定期的に掃除が必要
- バルコニーの床は防水シートや防水塗装などが一般的だが、この防水は10年程度に1回、メンテナンス(修繕)をする必要あり
- 外部に常にさらされている部分なので、劣化も早い
- 点検でひどい劣化やひび割れが見られた場合、最悪やりかえとなる可能性も(修繕費用がかかる)

ルーフバルコニーの場合、断熱性能低下、雨漏りの危険性も

- ルーフバルコニーとは、「下階の部屋のルーフ(屋根)を兼ねているバルコニーのこと」
- 下階からしてみれば、上階が「部屋」か「空(外部)」かで、断熱性・気密施工が変わってくる
- バルコニーの防水は、屋根瓦や金属板に比べると劣化しやすく、雨漏りの可能性が高い

➡ルーフバルコニーは特に避けたい

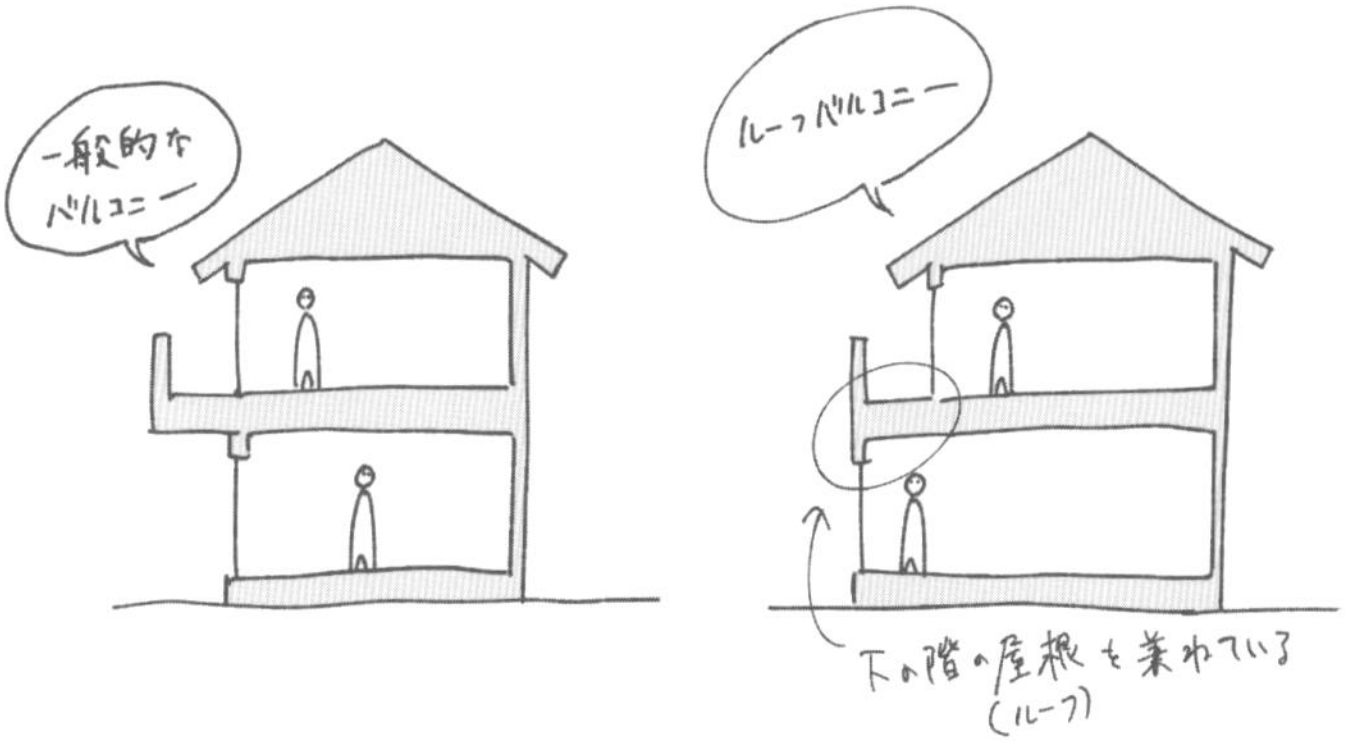

- 外(空)に面している部分が大きくなるので断熱性能が落ちる
- 気密施工が難しい
- 室内への雨漏りの可能性が高まる

暮らしを豊かにする目的ならあり

「開かずの」バルコニーが増えている

- 共働き夫婦増加➡室内干し
- 全自動洗濯乾燥機普及➡そもそも干さなくてよいケースも
- 花粉、大気汚染（PM2.5、黄砂など）➡外に干したくても干せない

⬇

バルコニーの代わりになる「物干し場」の選択肢
（洗面所、脱衣所、浴室、サンルーム、庭など）

よくあるケース

「布団だけは外に干したいんだけど……」

- 布団を干すためだけのバルコニーは費用対効果が悪い
- バルコニーをつくらず、「布団干しバー（2階の窓の外につけるバーを利用する）」「布団乾燥機を購入する」のほうが圧倒的にコスパがいいのでおすすめ

「物干し場として」ではなく、「LDKや寝室の延長として」計画するならあり

（例）狭小地のため1階に庭が計画できないので、2階にバルコニーを計画。外で食事をしたり、ハンモックでくつろいでみたり。「暮らしを豊かにするバルコニー」であれば、投資する価値がある。

- 外とのつながりを感じる計画的なバルコニーならいい
- よくないのは、「単なる物干し」「開かずのスペース」になるケース

広さ（奥行き）別　バルコニーで何ができる？

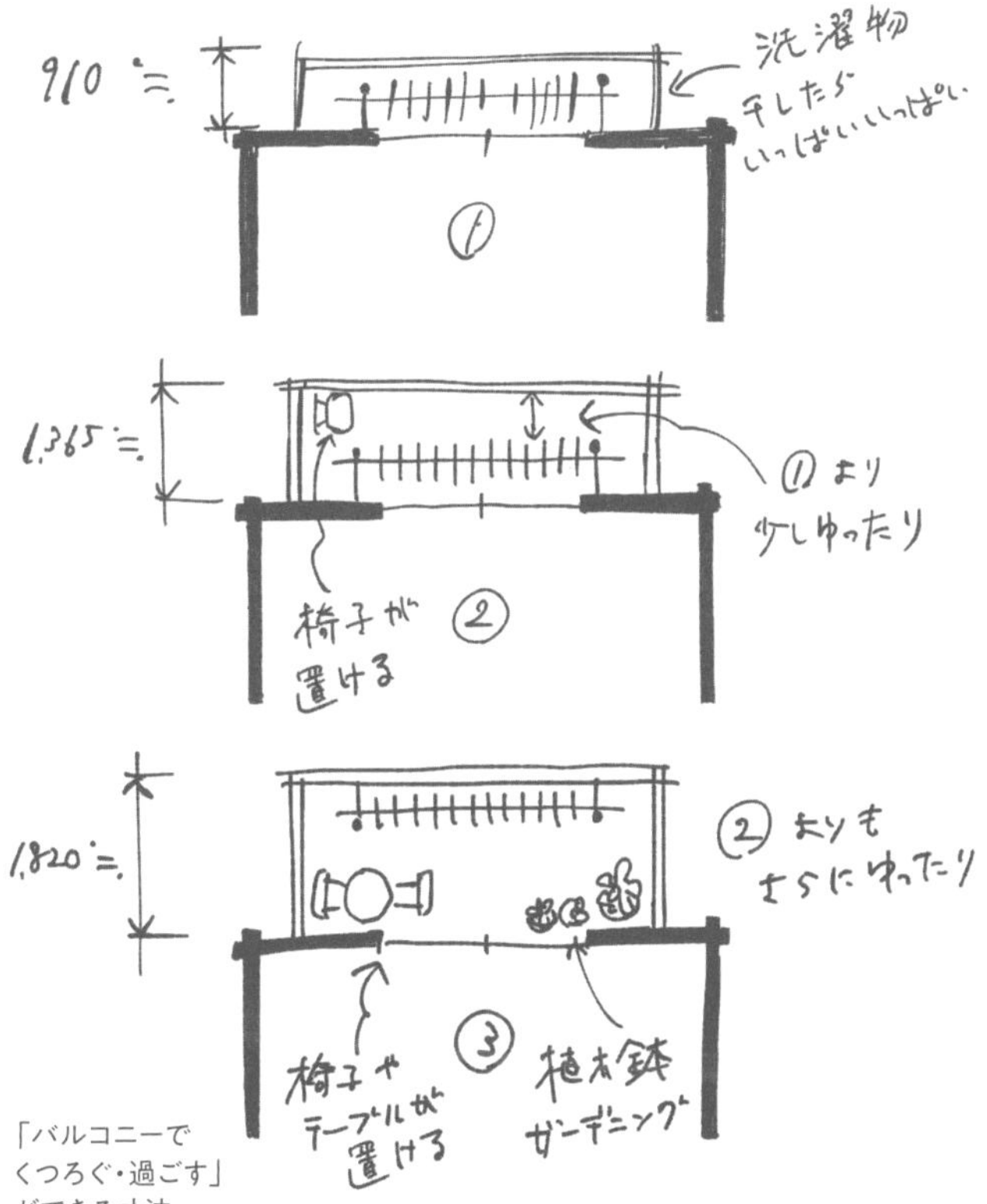

「バルコニーで
くつろぐ・過ごす」
ができる寸法

> ちなみに……
> 「バルコニーでBBQをしたい」という方がいるが
> バルコニーの床や防水を傷める可能性があるのでNG
> （BBQは庭で＆近所迷惑にならない範囲で）

バルコニーは「なんとなく」でつくらず、必然性を考えよう。

「半ソト」でつくる、豊かな生活

外と内のいいとこどり

たとえば、古民家の縁側に座れば、軒下の日陰で涼みつつ、庭の緑を眺められます。土間にテーブルやチェアが置かれたカフェのオープンテラスでも、外の雰囲気を感じながらランチやコーヒーを楽しめます。

そのように、**外にありながら屋根や土間などの内側とつながった空間を、私は「半ソト」**と呼んでいます。

この「半ソト」をとり入れて間取りをつくると、**家の内と外につながりができて、開放感が出ます**。また、生活もより豊かになるので、おすすめです。なぜ生活が豊かになるのかといえば、**家と外部との境界線にうまく自然をとり入れることができる**から。

四季折々で移り変わる庭の風景や、光、風、木々のざわめき、鳥の声……。そうした身近にある自然を五感でダイレクトに感じつつも、あくまで家の延長として、のんびりリラックスできる場所が、「半ソト」の空間なのです。

縁側や土間、中庭は、「半ソト」の代表格。特に縁側や土間はとり入れやすいと思いますから、検討してみてはどうでしょう。

「半ソト」って何？

「半ソト」＝半屋外空間 ※造語

（「半ウチ」＝半屋内空間　という場合も）

どんな空間のこと？

①外だけど屋根のある空間
②外だけど壁で囲まれた空間

たとえば

古民家の縁側（①の例）

深い軒（屋根）がかかった外部空間。日陰で涼みながら、庭の緑を眺める。

カフェのオープンテラス（①の例）

屋根があったりなかったりするが、土間にテーブルやチェアが置かれており、青空の下で食事やお茶を楽しめる。

中庭のある住宅（②の例）

狭小地などで、壁に囲まれた中庭をつくるケース。壁を立ててプライバシーは守りつつ、「空」とつながることができる。

つまり**「半ソト」**は

「外」を感じながら、開放的な気分でくつろぐことができる。

景色、光、風、音などの「自然」を五感で感じながら過ごせる場所。

※「外」が常に快適とは限らない
雨が降る、隣家や道路からの視線が気になる、
日差しが強すぎる……
などの屋外の不便な要素を排除でき、
心地よさだけ感じられるのが**「半ソト」**

家で「屋外気分」を味わえたら何がしたい？

おしゃれな外観をつくる方法

端正に美しく、「シミ・そばかす」を隠そう

あなたにとって、家の「おしゃれな外観」のイメージは、どんなものですか？

一見すると正解がないように思える「おしゃれな外観」ですが、実は**あらゆる家に共通してあてはまる「3つの法則」**があり、それを意識するだけで、外観は端正でぐっとおしゃれな仕上がりになります。

まずは、**「ラインを意識する」**。人間の顔でも、パーツの配置が整っていると端正で美しく見えるように、家も、ひさしや屋根、窓の水平・垂直のラインが揃っているほど、すっきりした外観になります。

続いて、**「陰影をつける」**。一般的に、彫の深い顔立ちを美しいと感じる人が多いですが、家の外観も、ひさしや2階の持ち出し（キャンティレバー）などで凹凸を設けると、どっしりして美しく、高級感が出ます。

最後が、**「設備を隠す」**。室外機や換気扇、給湯器などは、顔のシミやそばかすのようなものであり、できる限り隠すことで、印象がぐっとよくなります。

美しく整って見える外観の共通点

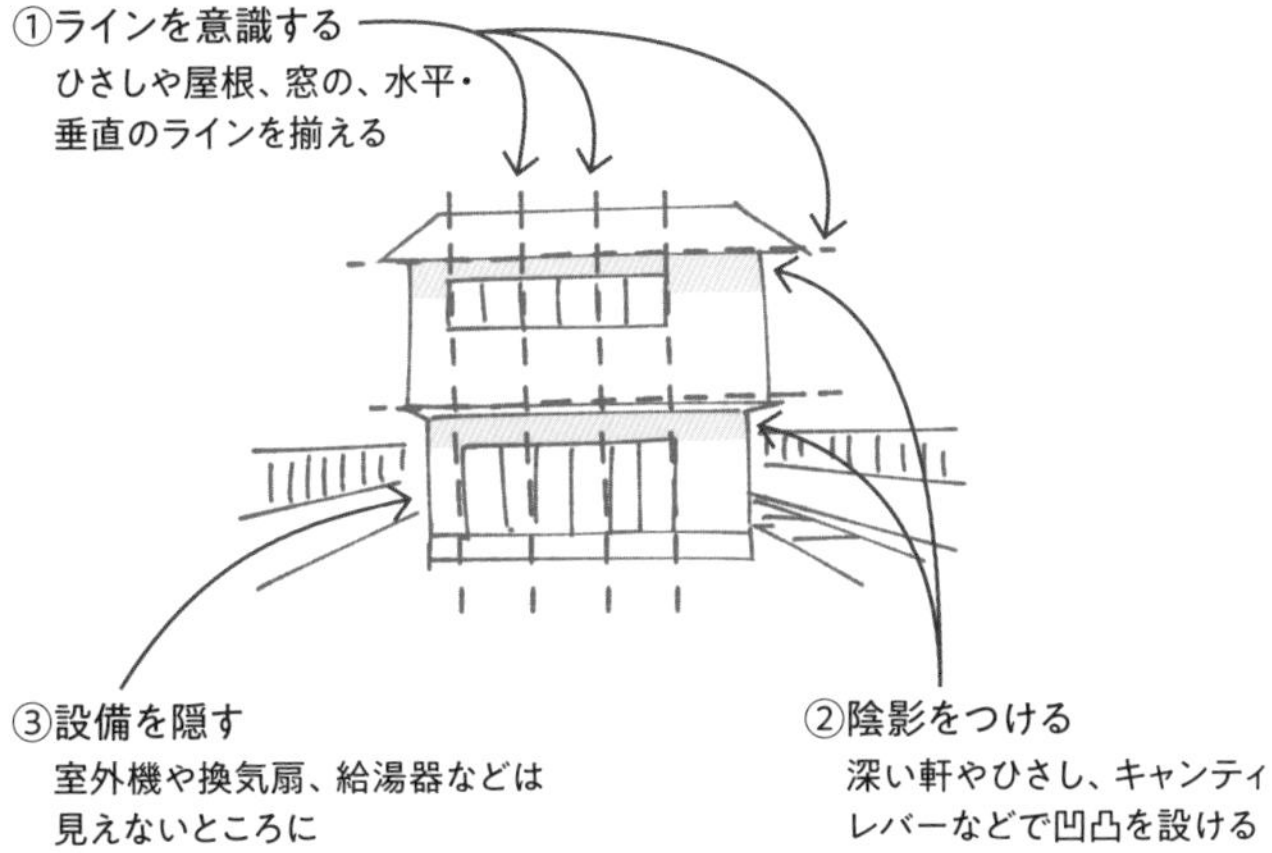
①ラインを意識する
ひさしや屋根、窓の、水平・
垂直のラインを揃える
③設備を隠す
室外機や換気扇、給湯器などは
見えないところに
②陰影をつける
深い軒やひさし、キャンティ
レバーなどで凹凸を設ける

できるだけ隠したいのはこんな設備

エアコンの室外機

給湯器

雨樋《あまどい》

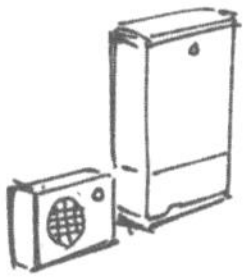
大型タンク

ガスや水道のメーター

換気扇のフード

設備は顔でいうシミ、そばかすのようなもの
できるだけ見えないほうが美しい外観に

どんなテイストの外観でも
この3つをチェック。

外構を、あとまわしにしない

間取りと同じタイミングで計画する

駐車場つくるの忘れちゃった

家づくりでは、どうしても建物の計画ばかりに意識が行き、庭や駐車場、塀や門といった外構の設計は、あとまわしになりがちです。

とりあえず家を建てて、外構はあとからつくっていけばいい。そんなふうに思っていると、とり返しのつかないことになります。

外構は、間取りと同じタイミングで考えていく必要があります。なぜかといえば、建物と外構は、切っても切れない密接な関係にあるからです。

たとえば窓の位置は、庭のあり方で最適解が変わります。玄関の場所も、駐車場との位置関係を考慮して決める必要があります。塀などの目隠しの高さや長さが、窓をどのようにとるかに影響しますし、道路と建物との関係が、敷地のどこに駐車場を設け、庭をどうつくるかといった全体の配置を左右します。

せっかく内装やデザインにこだわっても、外構が貧相であれば、その家の魅力はきっと半減してしまいます。

外構も家の一部であり、間取りと切り離せないもの。そう心しておきましょう。

外構計画で、暮らしが変わる理由

外構をつくると何が変わるの？

- 自然と触れ合える（情操教育）
- 外（＝社会）とのつながりを意識できる
- 面積以上の開放感と広がり感
- 心に安らぎを与える
- 屋内でできないアクティビティができる（DIY、プール遊び、BBQ、露天風呂）

外構は、必ず建物の間取りと同時に考える

↓

なぜ？

たとえば……

- 玄関と駐車場の関係
- 窓と庭の関係
- アプローチと玄関の関係
- 目隠しと窓の関係
- 屋外物置と建物の配置の関係
- 道路の高さと建物の高さの関係
- カーポートと建物の関係　など

「建物」と「外構計画」は密接に関係している

「建ってから考えよう」と外構をあとまわしにしない

外構にも「間取り」「動線」の概念を持って計画しよう。

庭木が、家を引き立てる

家と自然をつなぐ大切な存在

私にとって、毎日の暮らしを楽しむうえで欠かせない存在といえるのが、庭木です。

季節で移り変わる葉の色や、木々それぞれの成長、木漏れ日が揺れるさま、木にやってくる鳥や虫たちの声……。それらを感じると、幸せな気持ちになります。

庭木を植えれば、水やりや剪定が必要になり、雑草も生え、虫がつくこともあるでしょう。それを手入れするのもまた、自然との触れ合いです。庭木によって四季折々の自然の美しさが心に染み、私にはそれが何よりの癒やしとなっています。

庭木は、家と自然との大切な接点です。身近に緑があることできっと家族全員が癒やされますし、子どもの情操教育にも役立ち、心が豊かになるはずです。

家の外観という観点でも、庭木は家を引き立てて、佇まいをよくしてくれます。殺風景な場所が、一輪の花を生けることで一瞬にして安らぐように、庭木は家という人工物を自然と調和させ、情景として美しくしてくれますから、ぜひ庭木を植えてみてください。

庭木が暮らしを豊かにする

どうして庭木を植えるのか?

庭木を植えることは、合理的ではない
手間もお金もかかる(植栽、水やり、剪定、雑草、虫が寄ってくる……)

しかし手がかかる一方で、家族の暮らしを豊かにする要素は大きい

庭木を植える3つのメリット

①季節を感じ、家族を癒やす

- 緑を見ると、ストレスが減り、リラックスできる
- 四季の変化を感じられる
  揺れる木漏れ日、紅葉、鳥や虫の声など——ちょっとした日常の変化を感じやすくする

②子どもの情操教育になる

情操教育➡たくさんのものに触れ合い、心を豊かにする教育のこと
「家」という人工の環境だけでは学ぶことのできないことを学べる場所が「庭」

たとえば……
命の尊さ——木に集まる生き物の「命」。命の尊さを知ることができる。
自ら考える力——植物は変化する。学びの原動力である「知的好奇心」を刺激し、育てる。

③家を引き立て、街並みを美しくする

- 庭木は家を引き立てる
- 街並みにとっても財産になる(緑のおすそわけの精神)
- 1軒1軒が緑化を意識すれば、街並みが変わっていく
  ➡街並みが美しくなると、長期的に見れば資産価値も上がっていく

暮らしも街も豊かにする
庭木を楽しんでみよう。

庭木を美しく植えるための3原則

家の佇まいを変える植栽の力

私が庭をデザインする際、必ず守っている「庭木の3つの原則」があります。

まず、**庭木の数は「3本以上植える」**。それなりのボリューム感を得るには、最低3本は必要です。配置としては**「手前と奥に、高さの違う木を植える」**ことで、奥行きや空間の広がりを出します。木の種類については**「常緑樹と落葉樹を両方植える」**。季節感を感じつつ常に緑が残るようにします。これらを守るだけで、庭の雰囲気がかなりよくなるはずです。

実際に植える樹木を選ぶポイントとしては、まっすぐな木より、**山の中であるがままに育ったようなうねりのあるものを選ぶ**と、いっそう味わいが出ます（あくまで、建築地の気候に合う植栽を選んでください）。同じ種類を植えるより、種類豊富にしたほうが変化を楽しめます。また、**足元や駐車場など外構で無機質になりがちな部分にも植栽する**と、さらに家の佇まいがよくなります。

重要なのは、植物ごとの状態や育つ環境をしっかり理解し、適切な場所に植えること。価値観の合う造園屋さんを探し、その知恵を借りるといいでしょう。

おすすめの植栽と植え方

この3原則を守るだけで美しく見える

①3本以上植える
（不等辺三角形に）
②手前と奥に、高さの
違う木を植える
③常緑樹と落葉樹を
両方植える

おすすめの庭木一覧

- **高木**（4m以上）
  アオダモ、ヤマモミジ、イロハモミジ、ソヨゴ、ヤマボウシ、アズキナシ
- **中木**（2~4m）
  ツリバナ、ナツハゼ、ジューンベリー、フェイジョア
- **低木**（2m以下）
  ツツジ系（ヤマツツジ、ヒラドツツジ、ドウダンツツジなど）、ヒメシャリンバイ、ウグイスカグラ
- **グラウンドカバー**（下草）
  ユキヤナギ、フッキソウ、アジュガ、スナゴケ、芝生（コウライシバ）

POINT

- 山の中であるがままに育ったようなうねりのあるものを選ぶ
- 足元や駐車場などにも植栽すると自然な雰囲気に
- 数種類植えると変化を楽しめる

庭木ごとの状態や環境を知って
組み合わせてみよう。

インテリアに、センスは不要

おしゃれな部屋をつくる3つのルール

家の雰囲気を大きく左右する要素である、インテリア。洋風、和風、モダン、レトロ……多様なスタイルがあり、好みも人それぞれですが、「おしゃれな家にするには、インテリアを勉強しないといけない」というように、自らハードルを上げてしまう人が多いと感じます。

実は、インテリア選びや配置は、最低限のルールさえ知っておけば、意外と簡単です。センスがなくとも、おしゃれな部屋がつくれます。

前提として、私にとっておしゃれなインテリアとは、**「端正でシンプル」であること**です。それをベースに、インテリアを整える際に気をつけたい「3つのルール」を述べていきたいと思います。

ルールのひとつ目は、**「関連付ける」こと**。床、壁、天井、家具、照明器具、雑貨……インテリアの要素は数多く、それぞれの主張がかみ合っていないと、がちゃがちゃして落ち着かない雰囲気になりがち。色や素材をできるだけ関連付けることで、統一感が出ます。たとえば、天井や壁など建物部分をホワイトとウッドの2色にしたら、アースカラーで相性のいいグリーンで家具や雑

おしゃれなインテリア
=
「端正でシンプル」であること

インテリア選びや配置に、センスはいらない
最低限のルールを知っておくだけでOK

貨を統一すると、とても収まりのいい、おしゃれな空間ができます。

私の感覚としては、**使う色を3色までに抑えると、より失敗が少なく**なります。

ルールの2つ目は、**「四角形を意識する」**こと。インテリアにおいて、L型や凹凸の要素をできるだけなくしたほうが、すっきりと見えます。たとえば、高さ2・5mの部屋に対し、扉の高さが2mであれば、余りの0・5mの部分が残るため、扉以外の壁の部分が凹凸に見えます。そこで、扉を天井高に合わせたなら、凹凸は消え、扉と壁がそれぞれきれいな四角になります。そうして全体をできる限り四角形で統一すると、きれいな印象になります。

ルールの3つ目は、**「設備を消す」**こと。いくらインテリアをおしゃれにしても、エアコンや換気扇、コンセントなどの機械的な設備が目立ってしまうと台無しです。設計の段階で、使いやすさは考慮しつつも、できるだけ目立たない場所に配する必要がありますから、設計者に対し、そのように要望しておきましょう。

インテリアを選ぶときの3つのルール-1

テイストや好みは人それぞれだけど……

どんなインテリアでもこの3つを意識しよう

- ①関連付ける
- ②四角形を意識する
- ③設備を消す

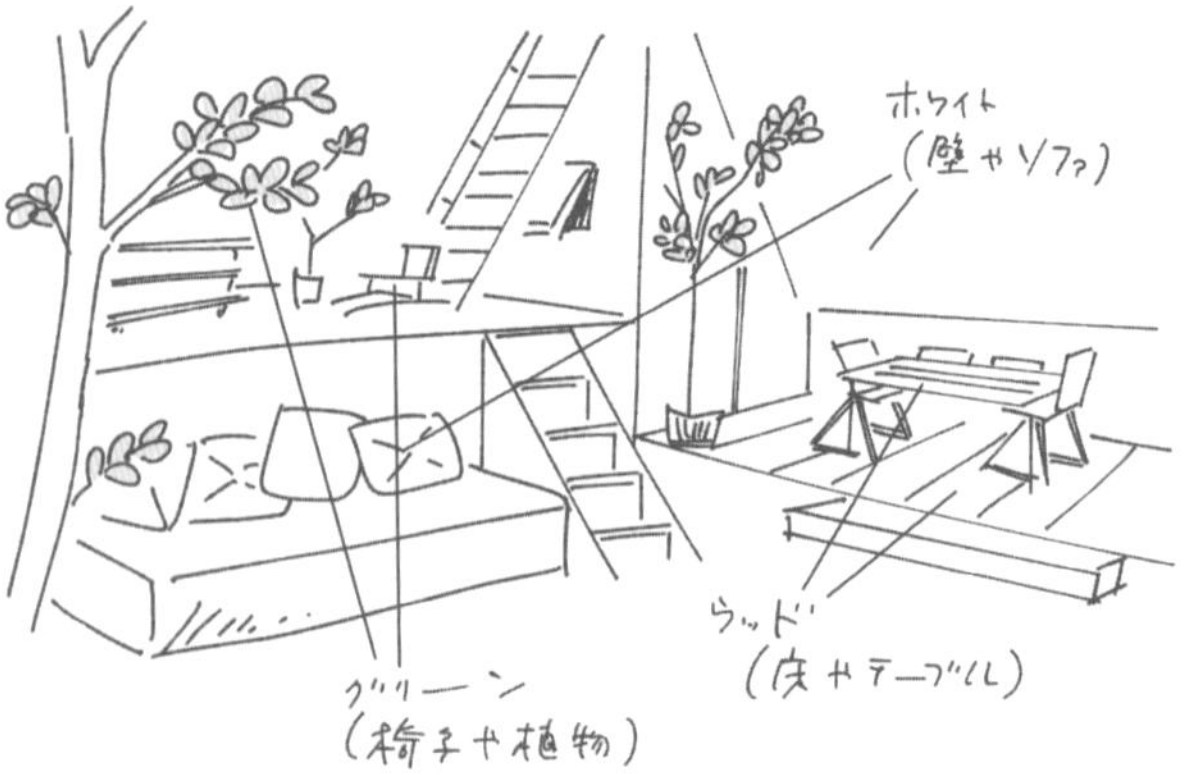

①関連付ける

色や素材をできるだけ関連付けることで、統一感が出る

たとえば

壁やソファ……ホワイト

床やテーブル……ウッド

椅子や植物……グリーン　　※使う色は3色までがおすすめ

インテリアを選ぶときの3つのルール-2

②四角形を意識する

L型や凹凸の要素をできるだけなくし、四角形に

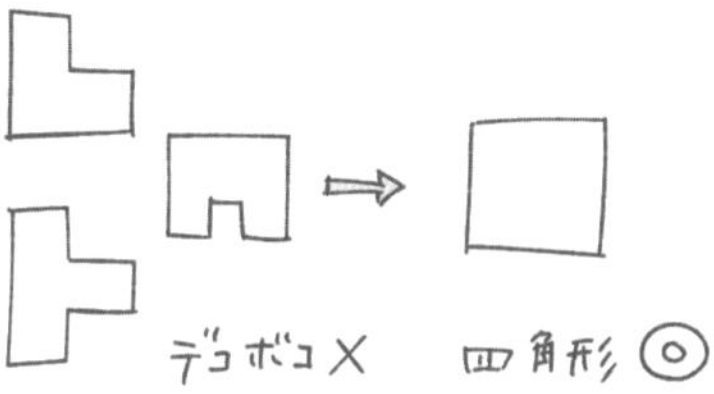

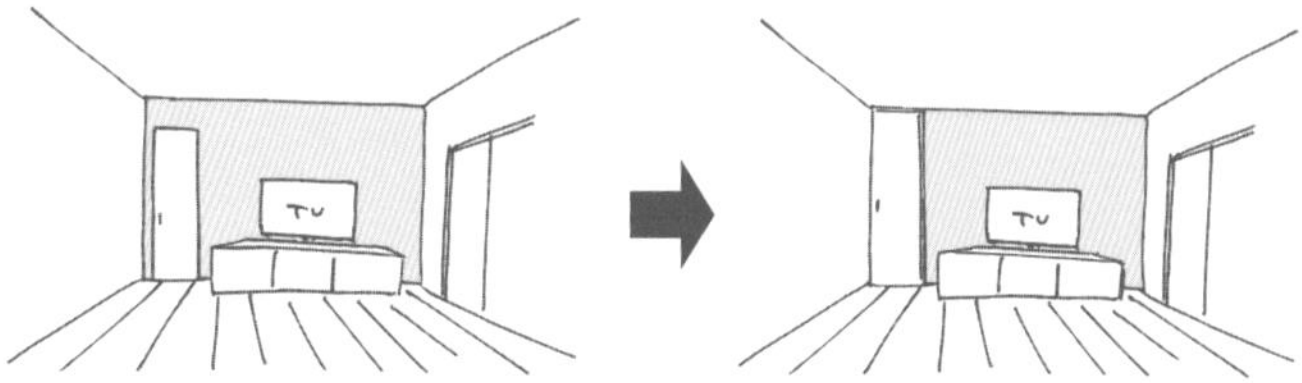

扉以外の壁の部分が凹凸に……

扉を天井高に合わせると、凹凸は消え、扉と壁がそれぞれきれいな四角になる

③設備を消す

エアコンや換気扇、コンセントなどの機械的な設備は、使いやすさは考慮しつつも目立たない場所に。外観（P152）の考え方と同じ。

端正なインテリアは誰でもつくれる。

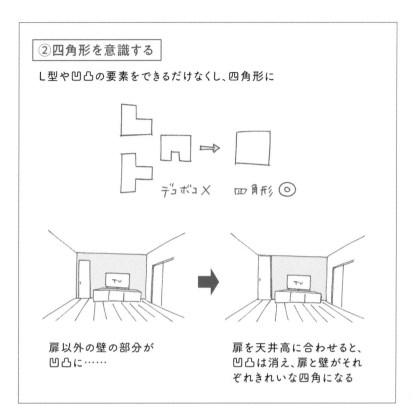

大きなインテリアほど、シンプルに

「シンプル：コンプレックス」＝「7：3」が黄金比率

私が実践する、バランスのいい部屋をつくるためのテクニックのひとつが、インテリアを**「シンプル（単純）」と「コンプレックス（複雑）」にわけて考え、その比率を「シンプル：コンプレックス＝7：3」にすること**です。

シンプルとは、無機的、人工的に感じるものであり、鉄、コンクリート、ガラス、直線、モノトーンなど。一方のコンプレックスは、有機的、生物的なもので、布、木目、曲線、カラフルなどになります。

ポイントは、床や壁、天井、ソファといった面積が大きいものはシンプルな要素、雑貨や器など小さなものは複雑な要素にすること。それで自然に、7：3の比率となるはずです。

なぜ7：3がいいのかというと、**その部屋に「人」という「強力なコンプレックス」が入ることで、ちょうど5：5の比率となり、バランスがとれるから**です。

あえてコンプレックスの要素を増やし、雑多な中にも統一感を出すやり方もありますが、難易度は上がります。より簡単におしゃれにしたいなら、7：3がおすすめです。

シンプルとコンプレックスはこう考える

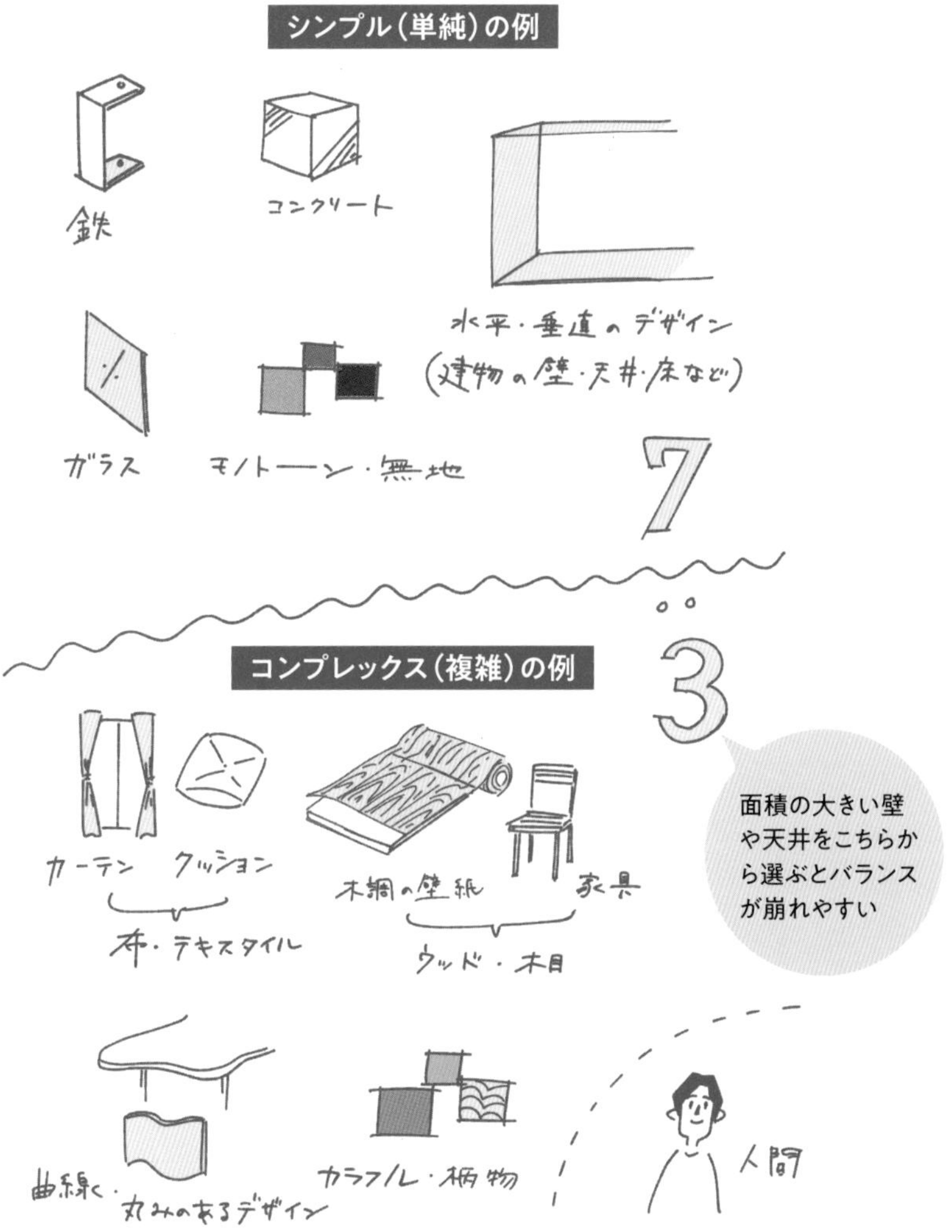

インテリアの比率は「人」も入れてバランスをとろう。

おしゃれな照明の落とし穴

間取りと同時計画で、行きあたりばったりを避けて

空間の雰囲気を大きく左右するのが、照明です。SNSやテレビで間接照明のようなおしゃれな照明を見て、憧れている人もいるでしょうが、「落とし穴」も存在します。

光を壁や天井、床にあてて、その反射光で間接的に空間を照らす、間接照明。直接の光があたる壁や天井に凹凸や継ぎ目といった粗があると、それが目立ってしまいます。また、照明器具が壁や床などに組み込まれることが多く、掃除に手間がかかりがちです。

天井から吊るすタイプのペンダントライトも、カフェなどで見かけるおしゃれな照明だと思いますが、天井に直接コンセントを設けると、基本的にはその位置にしかつけられません。ペンダントライトの配置により家具の位置や大きさが限定されてきます。

コンセントから電源を得て使うスタンドライトも、ケーブルを長々と床に這わせてしまうと、せっかくのおしゃれな雰囲気に水を差します。

おしゃれな照明は、行きあたりばったりではつくれません。**間取り検討の段階で照明計画も練っておくべきです。**

照明で気を付つけたい3つのポイント

間取り検討の段階で照明計画をすることが大事

①間接照明

- 直接の光があたる壁や天井の凹凸や継ぎ目が目立つ
- 壁や床などに組み込まれた照明の掃除が手間

《壁紙でできる対策は2つ》

対策1　腕のいいクロス職人さんにお願いする

対策2　継ぎ目が目立ちにくく、分厚めの壁紙を選ぶ。「塗り壁調」が比較的、継ぎ目が目立ちにくい。もしくはそもそも壁紙を選ばず、塗装や左官にする。

②ペンダントライト

❶天井に直接コンセントを設けると、家具の位置や大きさが限定されてしまう

❷ライティングレールを採用するとあとで融通がききやすい

❸テーブルや作業面から60～70cmの高さに吊り下がるようにするのがおすすめ（短いとバランスが悪い）

③スタンドライト・フロアライト

- ケーブルをなるべく床に這わせないよう、最初から使用位置を確認

照明も早めの計画で
インテリアをランクアップさせよう。

コンセントで後悔しないために

具体的に暮らしのシミュレーションをしてみよう

間取りや家具の配置のプランが固まってきたら、コンセントが必要な場所がわかってきます。

実はこの**「コンセントの位置」は、「家づくりで失敗したことランキング」の常に上位にくる、後悔しやすいポイント**です。

コンセント計画は、基本的に設計者が提案するものですが、やはりそこで生活する自分たちにしかわからない部分もありますから、事前に確認して設計者に伝えておく必要があります。

勝負のわかれ目は、**どれだけ具体的に未来の生活をイメージできるか**。「この家電はここで充電する」「照明はここに置く」「キッチンではこんな器具を使う」「洗面所では……」「スマホの充電は……」など、わが家での未来の生活を事細かにシミュレーションし、伝えることができれば、コンセント位置の後悔が減ります。

コンセント計画はある意味で、これまで積み重ねてきた「ほしい暮らし」の集大成です。詳細を詰めていく中で、自分たちの家づくりの確認ができますから、気合いを入れて臨みましょう。

後悔ポイントの常連「コンセント計画」

暮らしを具体的にシミュレーションし
コンセントの位置、数、高さをチェック

つけてよかったコンセント位置

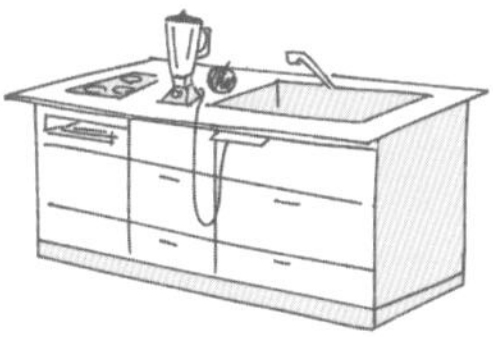

キッチンのシンク側
（ミキサー、ブレンダーなど使用）

ポイントとなる照明を
置きたい場所

屋外
（電気自動車の充電など）

コンセントのチェックポイント

- キッチンシンク側（ミキサー、ブレンダーなど使用）
- カップボードには2口コンセントが2つ以上あると安心
- ダイニングテーブルの近く（ホットプレートなど使用）
- 照明を置きたい場所
- 収納の内部（ちょっとしたものの充電などに便利）
- お掃除ロボット、コードレス掃除機の充電用
- 電動自転車のバッテリー充電　➡土間収納など
- 電動歯ブラシの充電　➡洗面所など
- 家具、仏壇など、大きく動かしにくいものの背面にコンセントがこないか
- 家電の収納場所と、使う場所、置く場所
- スマホの充電はどこでする？　➡LDKが広い場合、床用コンセントもあり
- 扇風機や空気清浄機を置く場所はどこ？
- 屋外（照明、DIY、電気自動車の充電）

※結論、「迷ったら多めにつけておく」がおすすめ

使いやすく、かつ目立ちにくい場所に
コンセント計画を。

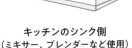

収納計画は「生活の棚卸し」から

物をしまうスペースは必要最小限に

スマホとサイフ以外
捨てちゃおうかしら

「あればあるほどいい」。多くの人がそう思うのが、収納です。設計者もできる限りスペースを活用して収納計画を立てますが、それでも入居後「入りきらない」という意見があります。

家を建てる目的はあくまで幸せに暮らすことであり、**物をしまうためではありません。**むしろ物を必要最小限に抑えれば、そのスペースを別の用途に割り振れ、生活の質を上げられます。収納計画は、物を減らすいい機会です。

収納は、**計画の前にまず自分たちの生活と向き合い、棚卸しをするのが大切です。**たとえばビジネス用の鞄を買う際には、「ここにパソコンを入れる」「財布はここでスマホはここ」と、中身を具体的にイメージしながら形や容量を決めると思います。収納も同じで、自分たちの生活に必要な物を洗い出し、その中身に合わせ収納を決めるのが大切です。この際「あれもこれも」と欲張るほど、収納に割くスペースが増え、生活の質にも影響しかねません。**「足るを知る」の精神で、本当に必要なものを厳選しましょう。**

持っている物の量を把握する

✕ 収納は多ければ多いほどいい　○ 物を減らし、必要な分だけ収納に

「生活の棚卸し」のチェックポイント

- 衣服：ハンガー収納ならその長さ、衣装ケースなら体積（縦×横×高さ）
- ふとん：枚数
- 食器・調理器具：現状のキッチンで足りているか、今のキッチンをよく観察（長さ、奥行き、吊戸棚・カップボードの有無など）
- 消耗品・飲食料品：収納ケースの数、まとめ買いするかしないか？　ケース買いのお酒やミネラルウォーター、プロテインなどは意外と場所をとる
- 家電：大きなものは寸法を測っておく（冷蔵庫・洗濯機・エアコン）。充電式の場合、場所はどこがよいか
- 家具：大きなものは寸法を測っておく（ベッド・ソファ・ダイニングテーブル）
  ただし、家具は空間に合わせて新調してもいい
- 個別の趣味の道具など（ゴルフ・釣り・トレーニング・漫画・パソコンなど）
- その他：スーツケース、ベビーカー、ペット用品など

衣服・ふとんはどのくらい？

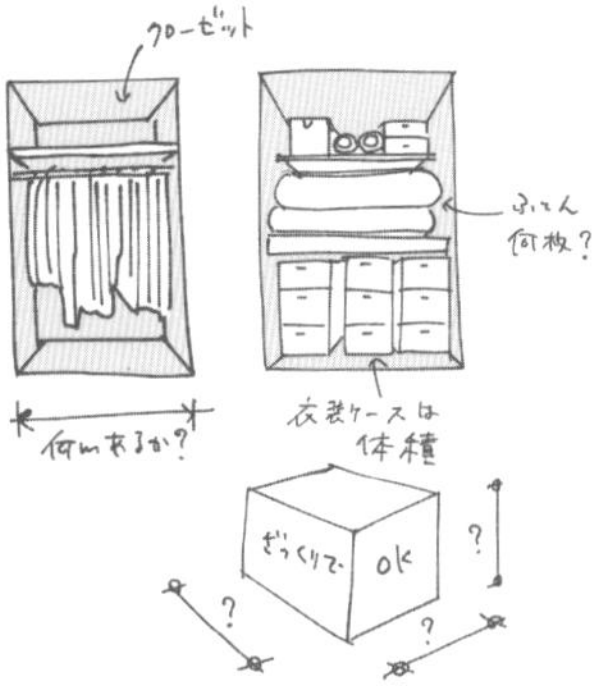

食器や調理器具はどのくらい？

キッチン本体で足りない場合➡
吊戸棚➡カップボード

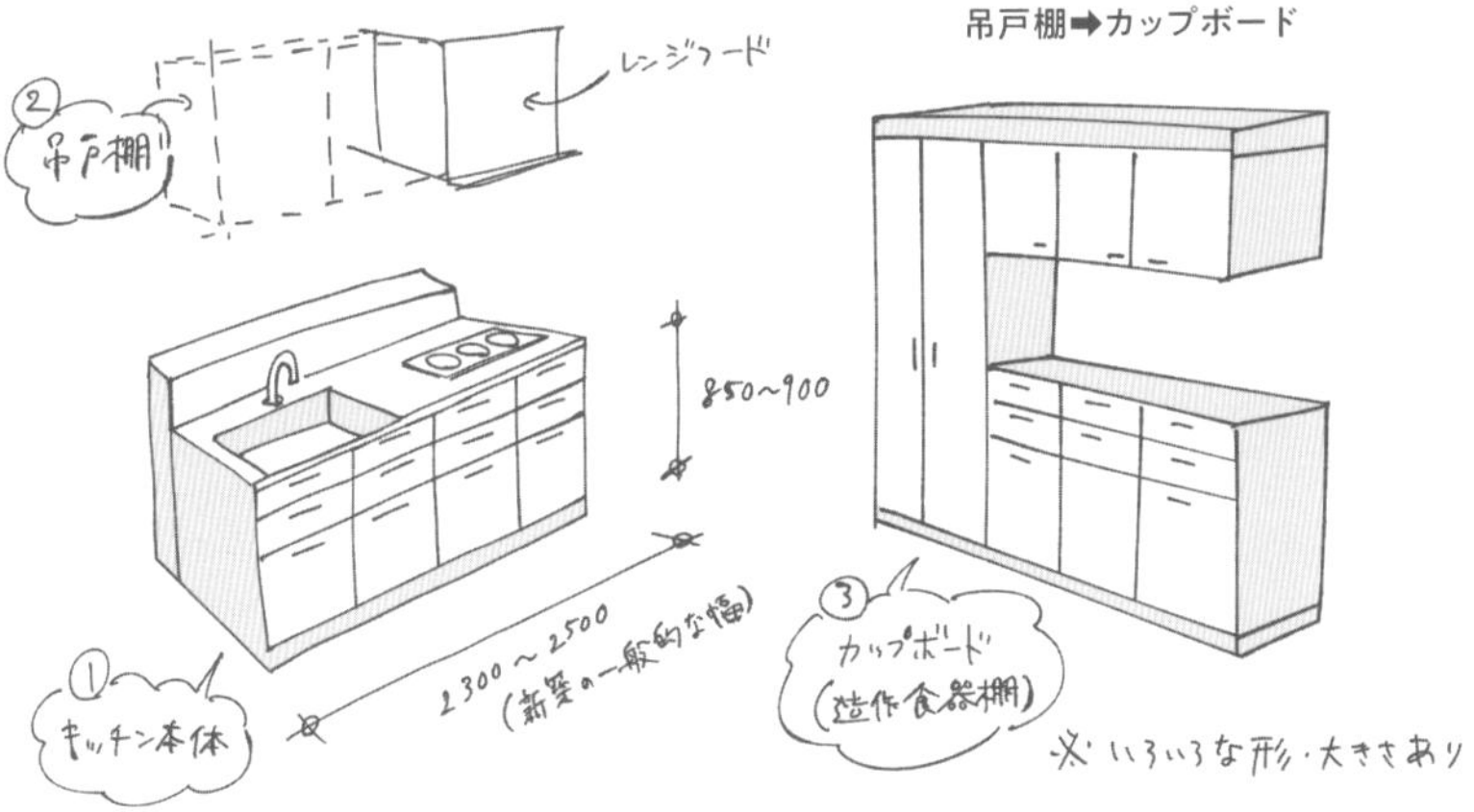

収納は適量を見極め、
家族で過ごす場所を優先。

CHAPTER

6

仕事がはかどる
集中部屋のつくり方

（職住融合編）

これからの時代の間取り予想

「リモート化」「職住融合」「地方移住」がキーワード

2020年からのコロナ禍によって、住宅のあり方が大きく変わったのは間違いありません。きっとこれまではなかった新たな間取りの形が普及していくはずです。

アフターコロナにおいて住宅に影響を与える要因としては、**仕事の「リモート化」、家にいながら仕事をする「職住融合」、人が都会から地方へと移り住む「地方移住」の3つがある**と私は考えています。

そして住宅の間取りも、それに合わせて形を変えていくはずです。

具体的にどのような間取りが増えるか。まずリモート化に対応すべく、書斎やデスクスペースをつくる人が増えています。フリーランスの方々も増え、自宅にオフィスを設ける人や、家内でカフェやショップを営む人も出てくると思います。

車を「ひとつの部屋」ととらえ、移動しながら生活をする「バンライフ」という考え方も今後広まりそうです。仮に毎日車で寝るなら、家の間取りは激変します。

これらはあくまで予想ですが、少なくとも住宅のあり方が岐路に立っているのは間違いないでしょう。

変化する住宅の間取り

大きな流れはこの3つ

① 仕事の
「リモート化」

② 家にいながら仕事をする
「職住融合」

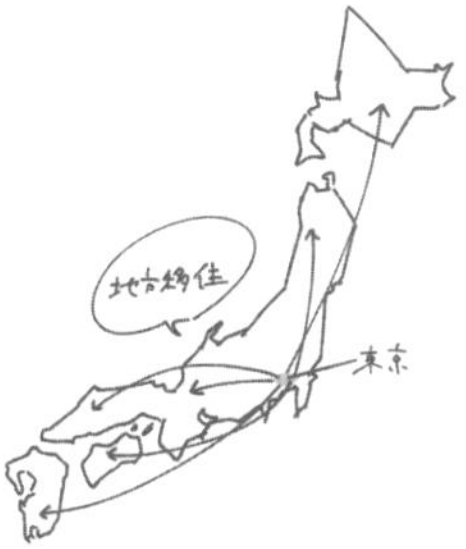

③ 人が都会から
地方へと移り住む
「地方移住」

今後も

「家でできることは家でやる」

「非効率な移動はしない」

「都心に住むメリットが少なくなる」

傾向は続く

生き方、働き方だけでなく、
住宅のあり方も岐路に。

テレワークのできる書斎をつくる

できれば寝室以外にこもれる部屋を

現代でもはや欠かせない仕事の手段になりつつあるのが、テレワークです。テレワーク化はインターネット時代の世界的な潮流であり、コロナ終息後も確実に残り続けるでしょう。

それを考えると、自宅にはできれば書斎をつくり、テレワークに活用したいところ。個室がひとつあれば、専用の機材を設置でき、映像や音質を安定させやすいです。

書斎といえば、住宅展示場でよく見るのが、**2階の寝室に隣接したオープンなものですが、個人的にはおすすめできません。**そこで夜に作業をする場合、家族の安眠の妨げとなるからです。

個室でつくるとして、必要な面積はどれくらいか。**重要なのは、机のサイズと機材の量です。**職場のデスクや収納のサイズなどを計り、参考にしましょう。長時間過ごすなら、空調や換気、窓といった快適に過ごせるような要素を整備する必要があります。防音については、コストの問題もあるため、そこまでの設備が必要かどうかを検討すべきです。

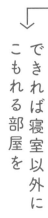

どんな書斎をつくる？

「テレワークのスペースはいらない」という人も、
いつ状況が変わって必要になるかわからない

転職や部署異動、打ち合わせの形の変化、
子どもの教育環境の変化（学校や塾のオンライン化）など

これから家づくりをする人は、
最低1カ所は用意するのがおすすめ

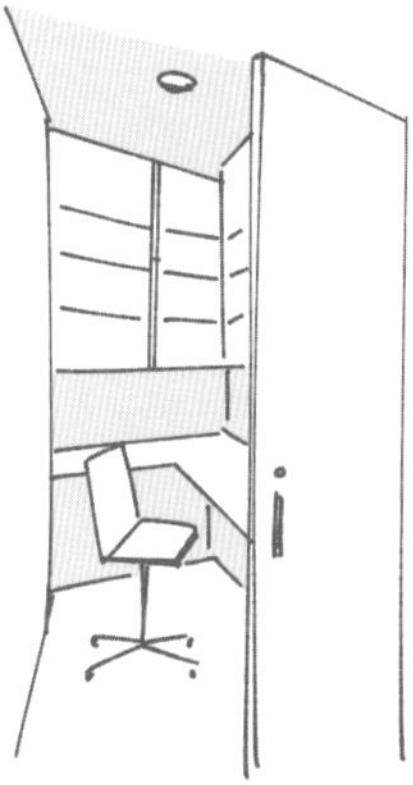

完全個室型

LDK隣接型

寝室隣接型

デスクの場所と広さはどうする？

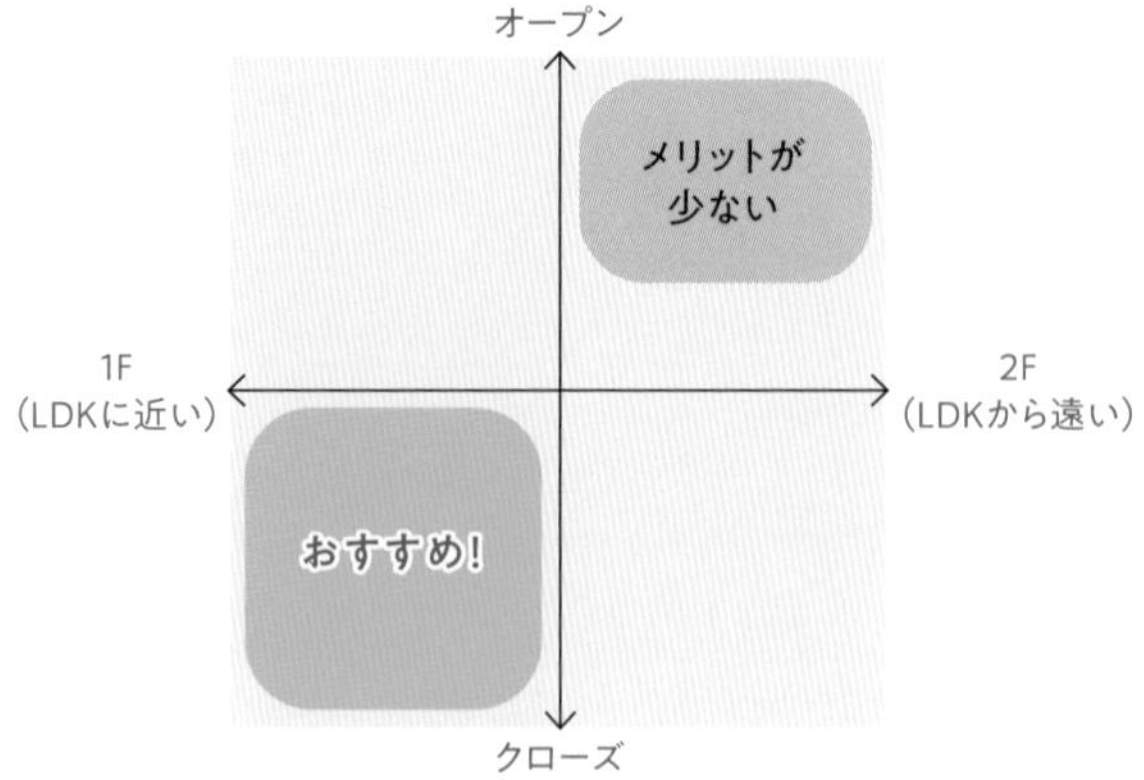

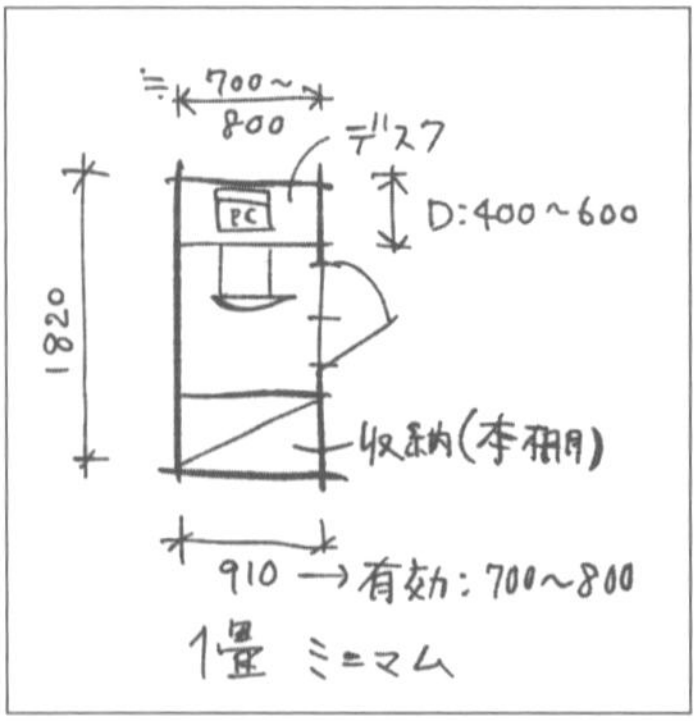

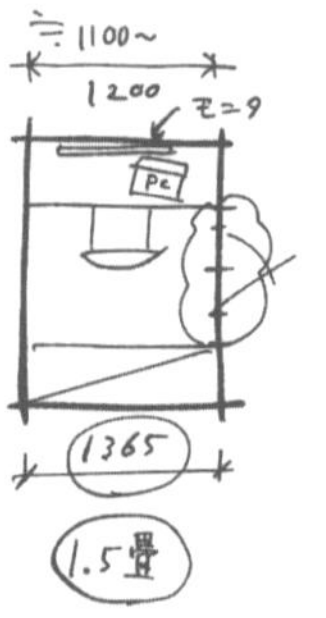

- デスクトップPC1台or
ノートPC+モニタ1台
（小さいモニタなら2台
置ける）
- 大きめのプリンタが
置ける

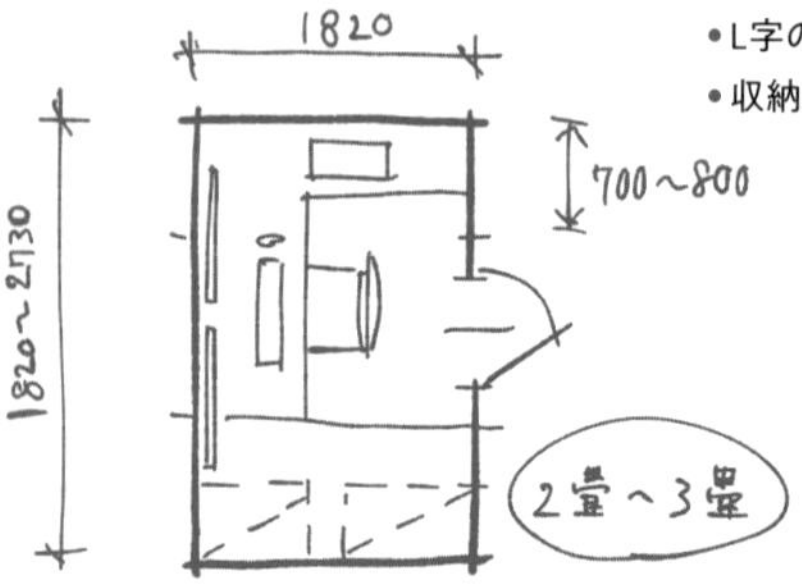

- L字のデスクが置ける
- 収納が増える

「1階」に「個室」をつくれるのがベスト！

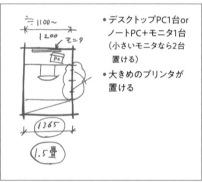

書斎の照明と空調の注意点

・天井に照明を設ける場合は、
作業面をしっかりと照らせる位置に計画
※デスクライトなどで補えばOK

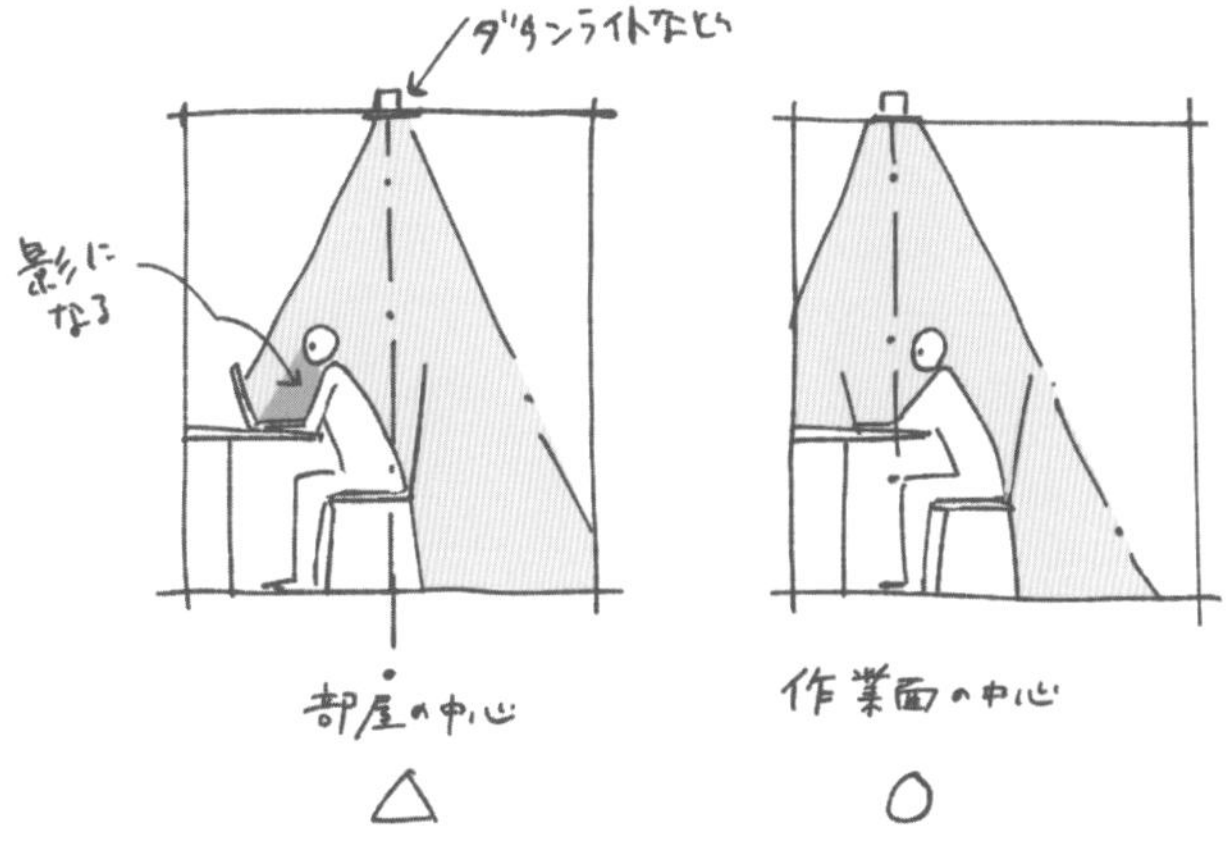

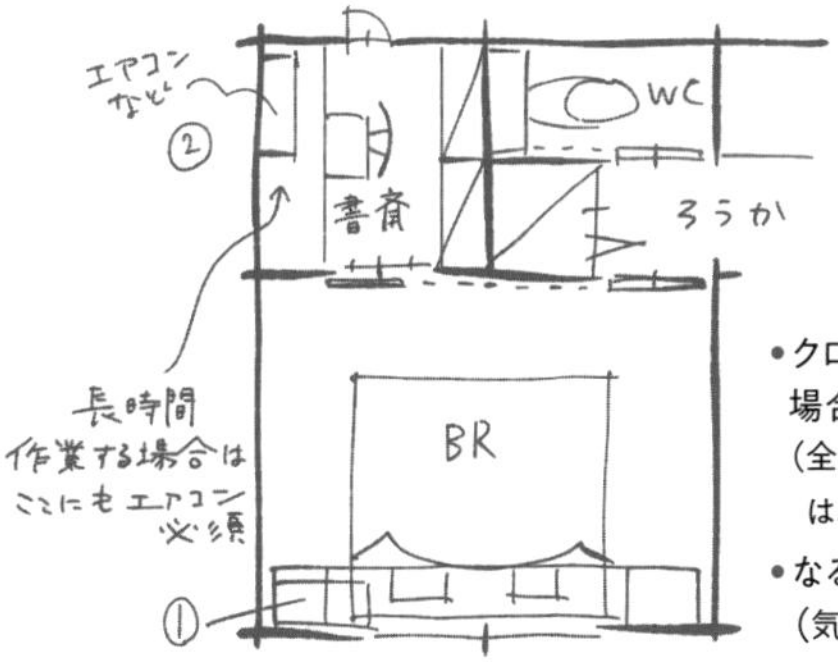

・クローズな書斎で長時間作業する場合は、個室にもエアコンが必要
（全館空調が望ましいが、できない場合はエアコンやヒーターなど検討）
・なるべく窓があったほうがよい
（気分も晴れやすい）

自分も家族も居心地のいいテレワーク環境を。

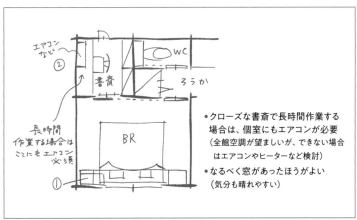

快適かつ集中できるデスク配置

「アイランド型」なら目が疲れにくい

在宅ワークなどで長時間、デスクに向かう機会が多いなら、より快適に作業ができるよう、デスクの位置を工夫しましょう。

おすすめは、窓に対して垂直方向にデスクを配置する「アイランド型」。ある程度のスペースは必要ですが、圧迫感がなく、ほどよい自然光が横から入って目が疲れづらくなり、カメラ映りもいいです。ちなみにデスクの背後に窓がくると、逆光でウェブ会議などがしづらいため、背後には壁か収納がくる配置がいいでしょう。

もし短時間しか作業しないなら、壁や窓にデスクをつけ、コンパクトに収めてもいいのですが、デメリットもあります。壁が目の前だとやはり圧迫感があり、光の量も減って暗くなりがち。反対に窓のほうに向いていれば、圧迫感や暗さはなくなりますが、今度は明るすぎてモニタが見づらく、目が疲れます。

私は実際にアイランド型に変えて、明らかに作業が快適になり、疲れづらくなりました。スペースに余裕があるならぜひ試してほしいところです。

各デスク配置のメリット・デメリット

壁付型

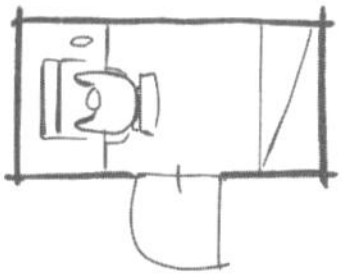

メリット
- 面積をとらない（コンパクト）
- 壁の上部に収納を設けられる

デメリット
- 目の前が壁なので圧迫感がある
- 暗くなりがち

窓付型

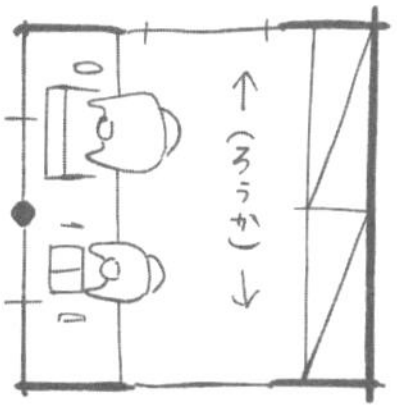

メリット
- 手元が明るくなる
- ろうかやLDKのそばに設ける場合に向いている

デメリット
- PC作業をする場合、モニタより外が明るいのでモニタが見えにくくなることがある

短時間作業に向いている

長時間作業に向いている

アイランド型

自然光が横から入るレイアウトがおすすめ
- 日中ほどよく明るい
- 目が疲れにくい
- カメラ映りがいい（影が自然）

メインデスクの背面は壁か収納に
- 部屋や扉があると落ち着きにくい
- 窓があるとウェブ会議で逆光になり相手に顔が見えにくい

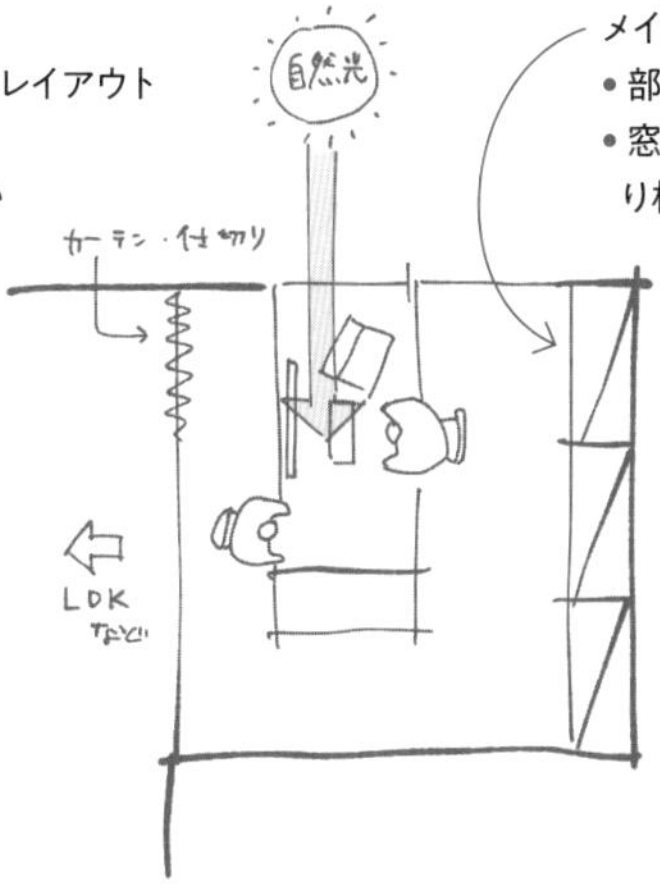

メリット
- 圧迫感がなく快適
- 長時間作業に向く

デメリット
- 面積が必要

デスク配置は、窓とデスクの位置関係がポイント。

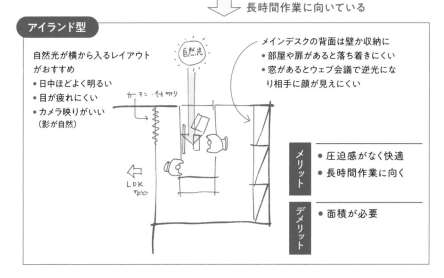

防音室、気になるコストは？

仕事や趣味の充実をはかる

外出自粛や仕事のリモート化により、家で過ごす時間が増えましたが、家でも趣味で楽器を弾いたり、ホームシアターで映画を見たりするために、防音室の設置を希望する人が増えています。

防音室は、**用途によって求められる防音レベルが変わり、それがコストに反映**されます。

隣の部屋や屋外にも聞こえないようにするには、相当なレベルの防音が必要になります。コストとしても、たとえば大きな音が出る楽器を弾きたいなら、４畳半で１００〜２００万円かかります。

ホームシアターとして使い、家の外に音を漏らさないにしても、中レベル以上の防音設備を設ける必要があります。

一般的な書斎であれば、そこまで高いレベルの防音は必要ないことがほとんどで、建具を遮音配慮タイプにして隙間を埋めたり、吸音材を床やドアに貼ったりといった対策で済み、コストとしても30万〜50万円に収まるはずです。ＤＩＹを行えばさらにコストダウンできますが、換気や冷暖房の計画だけはしっかりと立てねばなりません。

どのくらいの防音が必要?

防音 = 遮音 + 吸音

遮音 ➡ 音漏れや外からの音の侵入を防ぐこと

吸音 ➡ 音を吸収して反響を減らし、音自体のエネルギーを吸収すること

自分たちが必要な防音レベルはどのくらい?

高 ↕ コスト 低

- 楽器の練習?(ピアノ? 弦楽器? 管楽器?)
- ホームシアター?
- 書斎?

※防音レベルによってコストが大きく違う

参考 新築時、4畳半の防音室をつくるならいくらかかる?

中〜高レベルの防音室(大きな音が出る楽器を使う楽器室)にしようとすると、100〜200万円以上のコストがかかる

おすすめは1階で、窓がない(or窓が小さい)防音室

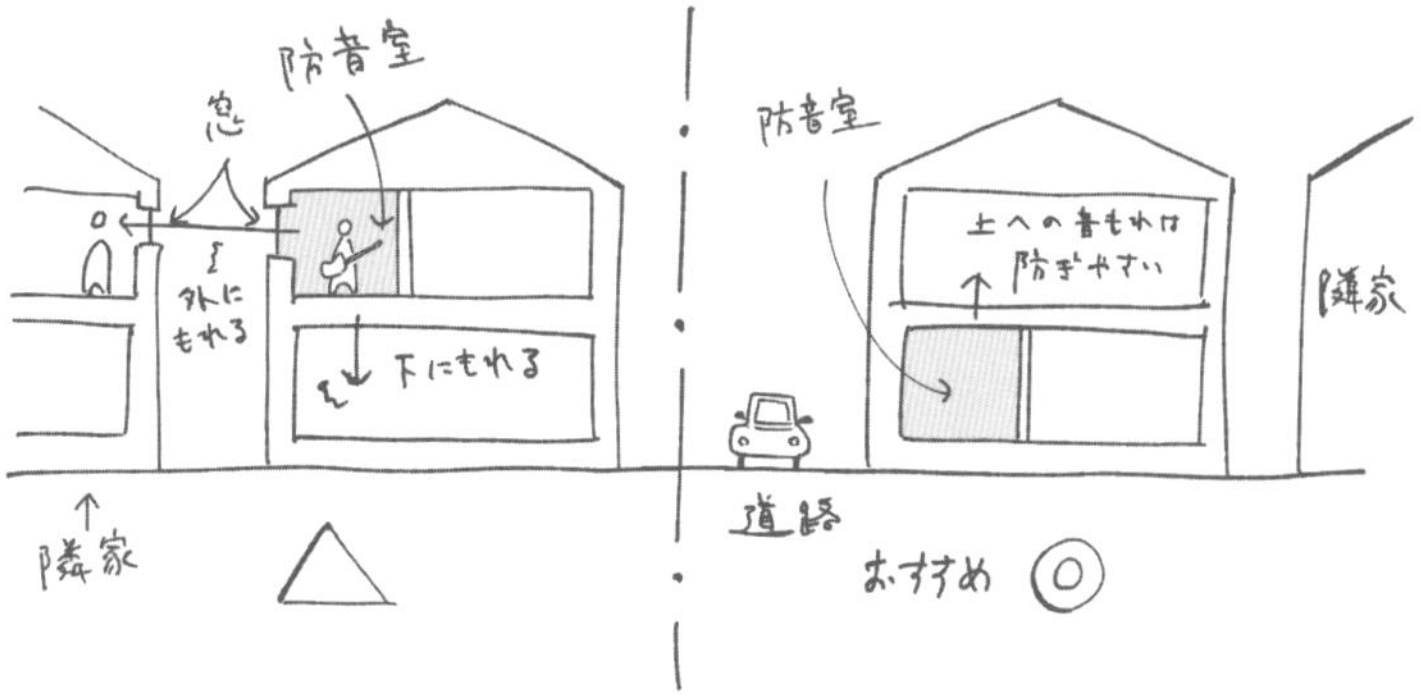

家族にとって必要な防音レベルはどのくらい?

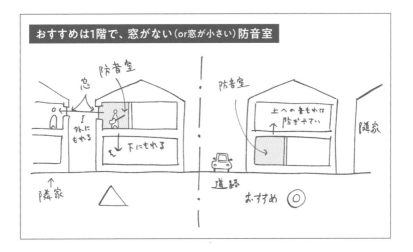

健康と生産性を上げる、在宅ワークの方法

オン・オフを切り替えやすい家づくり

在宅ワークが増えると、外で体を動かす機会が減り、運動不足になりがちです。ずっと家にこもっていると、気分も塞ぎやすく、動かない分血流が悪くなって、結果的に生産性も落ちるといわれます。

自宅でも自然に動けるよう環境を整えると、健康に、かつ集中して仕事ができます。

私がおすすめしたいのが、**スタンディングデスクの設置**です。椅子に長時間「座りっぱなし」でいるほど心身に悪影響が出て、がんをはじめとした重篤な病気にかかるリスクが上がることが研究で明らかになっています。それを予防するためにも、立った状態でも使えるスタンディングデスクの導入は有効です。私は高さが自動で変えられるデスクを使っており、1時間座りっぱなしが続くとアラームが鳴り、そこで机の高さを上げて立って仕事をするようにしています。

そうすることで、作業に集中するあまり、座りっぱなしの時間が長くなってしまうことを防いでいます。

ストレスを減らすには、**窓を設けたり、家のさまざまなところに作業できるスペースをとったりして、気分転**

日本は世界一座っている国!?

世界20カ国の平日の総座位時間

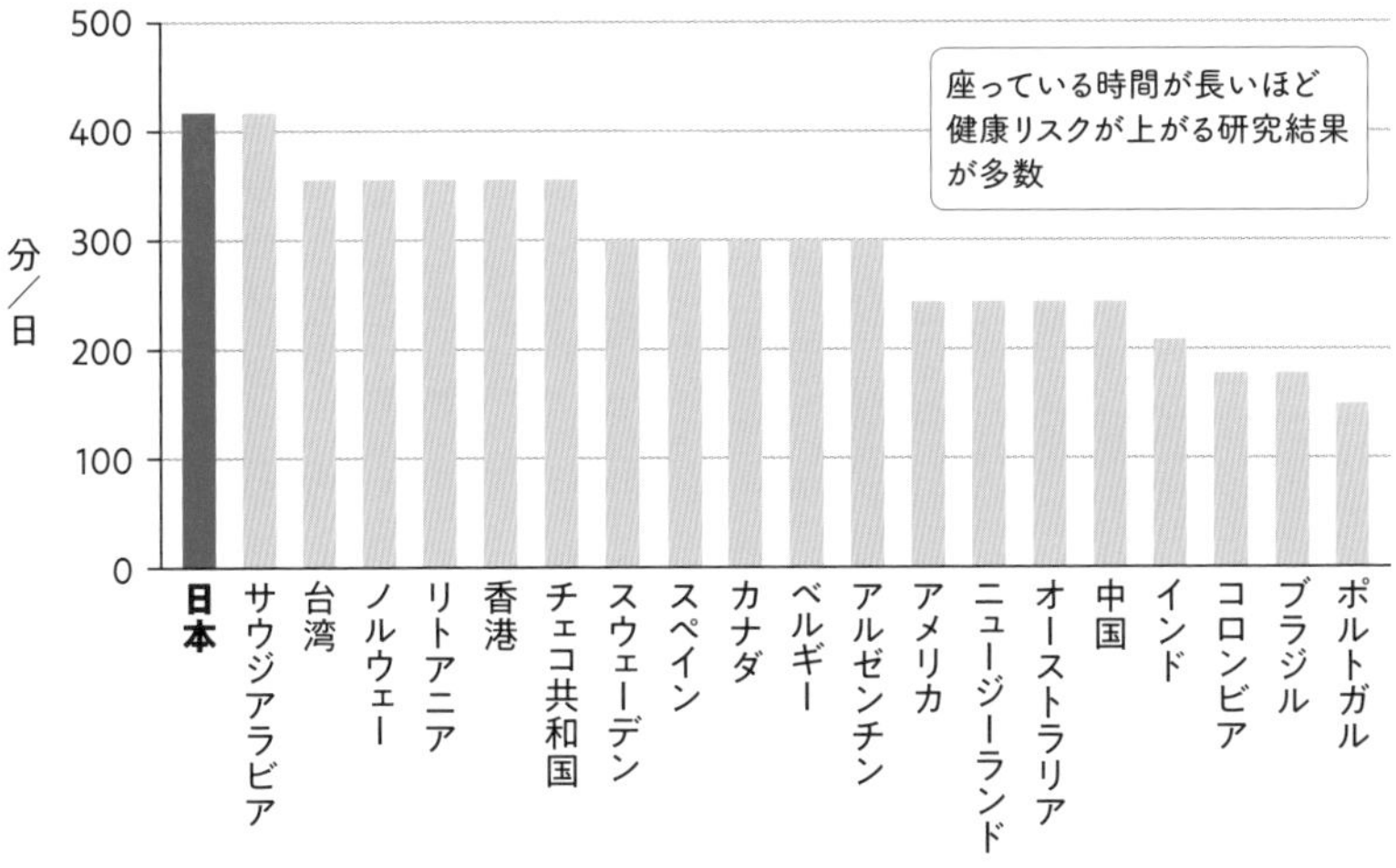

引用：「シドニー大学などの調査（2011年）」SankeiBiz

換が行える環境をあらかじめ用意しておくといいと思います。

また、照明をうまく使うと、仕事と休憩時間というオン・オフのコントロールの助けとなります。照明の色は、人間の集中力に影響を与えることがわかっており、集中しやすい色と、リラックスしやすい色があります。

集中できるのは、太陽光に近い「昼白色」や、やや青みがかった「昼光色」、逆にリラックスするなら、電球のような黄色やオレンジ色がおすすめです。**仕事をする空間で使う照明器具は、調光調色ができるものをセレクト**して、状況に応じて色を使いわけるといいでしょう。

その他に、「二酸化炭素の濃度」が高まると、集中力や認知機能が低下するという研究がありますから、部屋の適度な換気を心がけます。また、二酸化炭素濃度チェッカーなどを導入するのもおすすめです。特に、気密性の高い住宅においては、書斎にも窓や換気扇を設置し、空気が入れ替わるようにしておきましょう。

座りすぎない環境をつくる

高さの調整できるスタンディングデスクを導入

姿勢を変えて
仕事した方が健康にいいよ

マウントサイナイ医科大学の研究

高さ調整ができる（座り立ちできる）デスクを使用したグループで、健康や生産性に関するポイントがアップした

（1日の座っている時間が約17％減少、約半数の参加者が腰や背中の不快感が改善したと回答、過半数の参加者が生産性と集中力の改善を報告）

気分転換しやすい計画をする

POINT

- メインの書斎には窓を設ける（庭や空が見える）
- 外に出やすい位置で仕事する（散歩など適度な運動は血流改善に効果的）
- 調光タイプの照明でオン・オフを切り替える
- 「おうちノマド」……家の中・外問わず、いろいろな場所で作業ができるように計画する（気分転換、適度な運動）

心も体も動かしながら、家での仕事を楽しもう

「健康的な仕事環境」は
工夫次第でつくれる。

これからの必須アイテム「宅配ボックス」

再配達をなくすことは地球環境にもやさしい

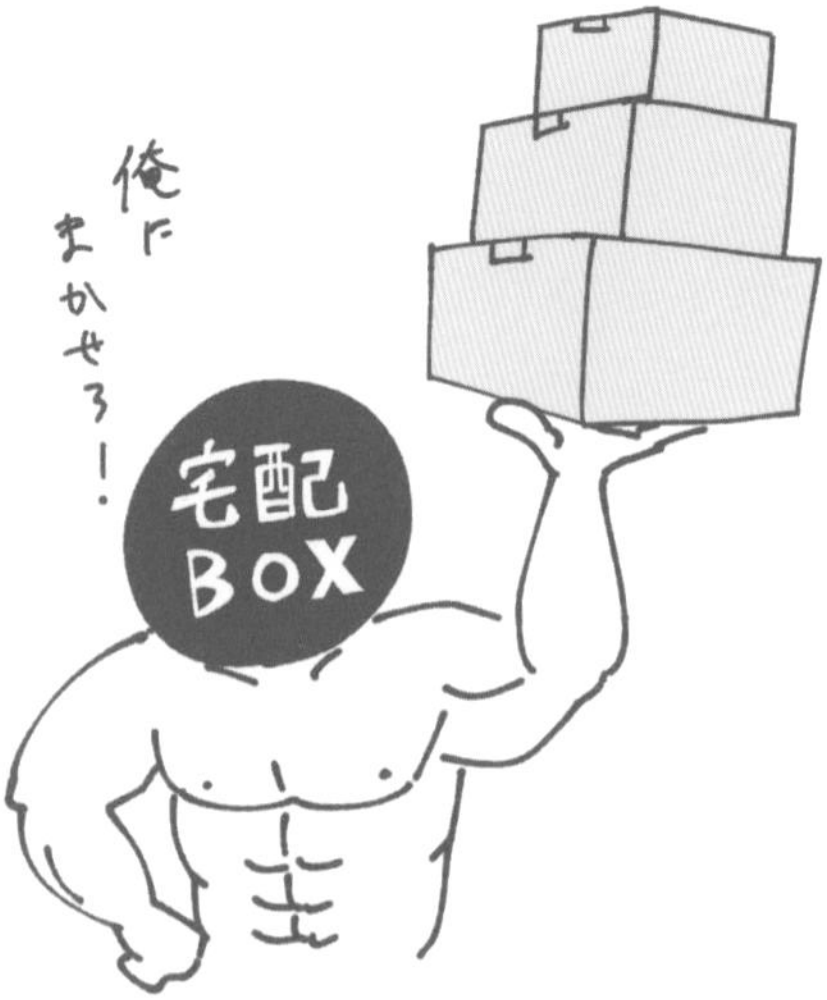
俺にまかせろ！
宅配BOX

コロナ禍により注目されるようになった、宅配ボックス。**対面の必要なく荷物を受けとれるのに加え、留守でも荷物を置いていってもらえる**など、さまざまなメリットがあります。

現在、「巣ごもり消費」が増加の一途を辿り、荷物を運ぶ宅配業界は人材不足に陥っています。そして、人手を要する大きな要因になっているのが、**不在による再配達で、年間９万人もの労働力が無駄にかかっている**といいます。宅配ボックスにより再配達をなくせば、それだけで生産性が大きく改善され、宅配業界でもよりきめ細やかなサービスが行えます。

再配達の撲滅は、地球環境にもプラスに働きます。再配達のために走るトラックから排出される二酸化炭素は、およそ42万トンともいわれます。**温室効果ガスである二酸化炭素の排出を抑えるのは、地球という「生き物の家」を守るため、**私たちがやらなければならないことです。家をつくる段階から、宅配ボックスの設置を前提に、その置き場所や動線を検討してはどうでしょう。

宅配ボックスの計画例

よくある「惜しい」例

かっこいい宅配ボックスを買うよりも安くシンプルな物を設置して隠すほうがおすすめ

いい例

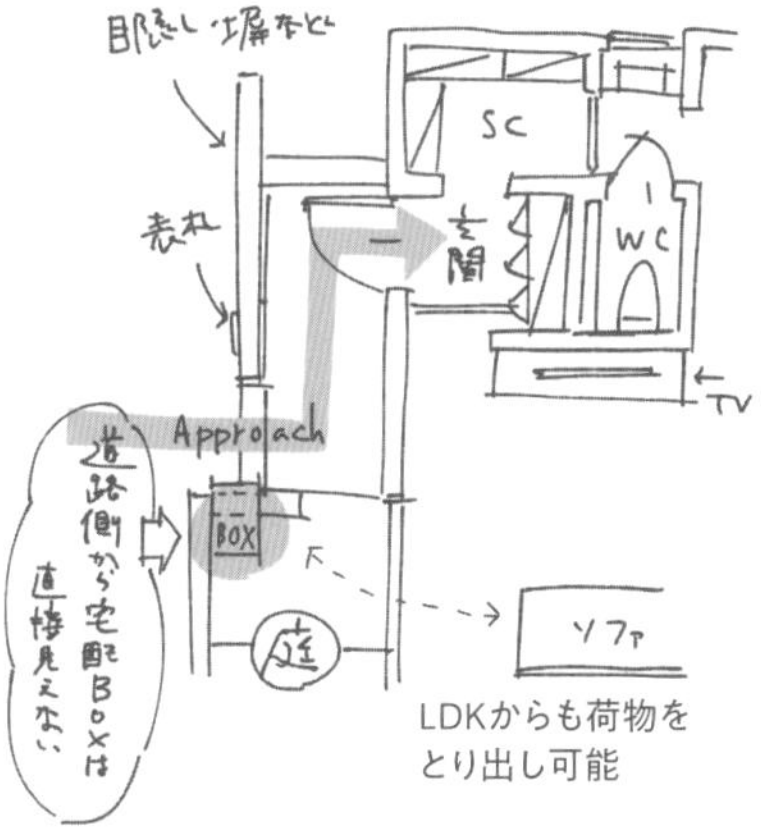

POINT
アプローチを雁行《がんこう》（ななめにずらすこと）させるほうが玄関前が豊かになりやすく、ポストや宅配ボックスを隠しやすい。

「施主」「宅配会社」「環境」
みんなにやさしい選択を。

テクノロジーの進化に適応しやすい家をつくる

埋め込みやビルドインは慎重に

「ビルドイン」や「埋め込み」の住宅設備といえば、何を想像しますか？　ダウンライト、食洗機、天井埋め込みスピーカー、埋め込みエアコン、ユニットバスオプションのテレビ、など……現代の住宅には、さまざまな設備や家電がビルドインされています。

また、近年の通信技術やＡＩ技術の発展により、近年の家電の進化には、特に目覚ましいものがあります。今後の進化を考えると、**埋め込みやビルドインで家電を設置することに慎重になる必要があります。**

家電をはじめとした設備は、家よりも歳をとるスピードが速く、10〜15年で交換となるケースが多いですが、そうした際に埋め込みやビルドインだと、更新する手間とコストがかかります。家を建てた当時は最先端の家電であっても、5年もすれば時代遅れになる可能性があり、新たなものに替えたいと思っても、気軽にはできないのです。

スマートフォンのアプリのように、住人が臨機応変に交換できる設備設計にしておくと、家は時代遅れになりにくいはずです。

どうして慎重にならないといけないの？

❶ 設備は家よりも歳をとるスピードが速い（10年～15年で交換が必要）

❷ 家電や通信技術の進化のスピードが年々速くなってきている

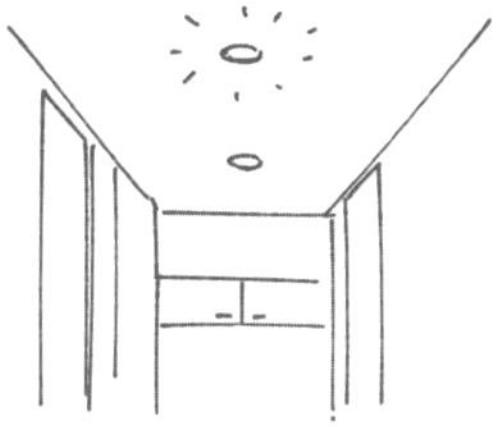

ダウンライト
（交換できるのは電気工事士）

→

レセップソケット
（スマート電球対応）

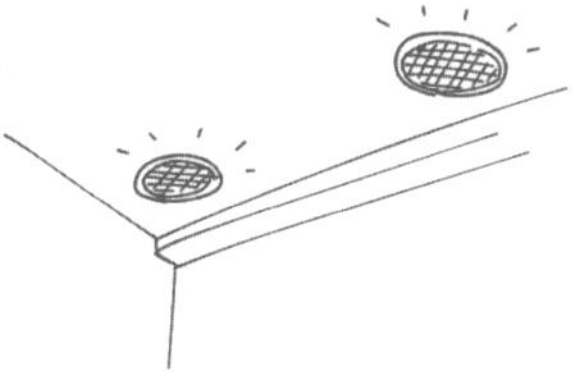

埋め込みスピーカー
（場所を変えられない）

→

スマートスピーカー
（位置や数をカスタマイズ）

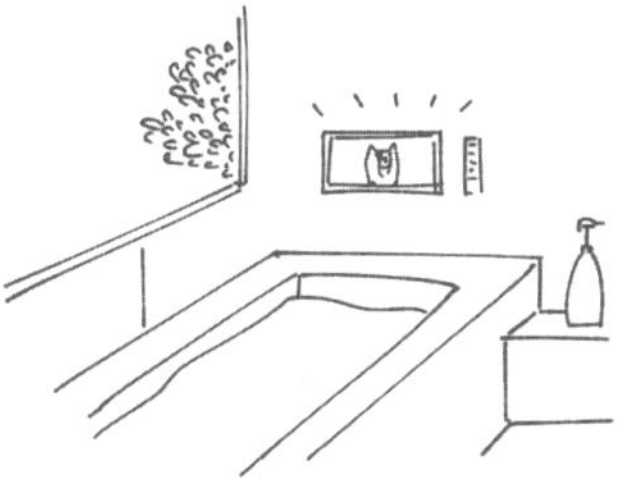

ユニットバスのテレビ
（動かせない、変えられない）

→

防水タブレット
（買い替え可能）

住み手が自由に
交換・変更可能な設備にしよう。

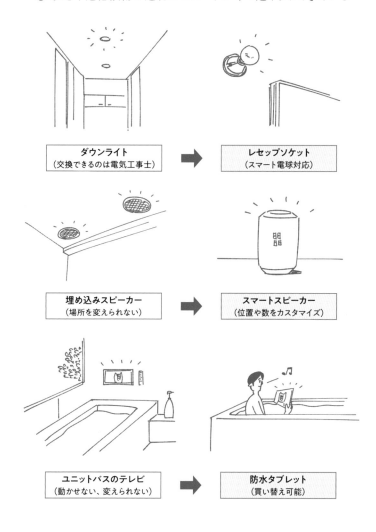

おわりに

”情報過多時代“といわれるようになって、久しく経ちます。

SNSを利用すれば、誰もが気軽に情報を発信でき、その情報はダイレクトに消費者に届くようになりました。私もまた、YouTubeを主体として住宅に関する情報を発信しているわけですが、そこに寄せられるコメントを見ていると、視聴者の方々の住まいに対するリテラシーがぐっと高まってきていると感じます。

しかしそれでも、家づくりで後悔する人は、あとを絶ちません。

家づくりの知識は以前よりもはるかに得やすくなったにもかかわらず、なぜ後悔する人が出続けているのか。

その理由のひとつは、家づくりに対する「根本的な勘違い」のせいであると私は考えています。

本書でもお伝えしてきた通り、私は建築士として独立する前には、大手ハウスメーカーに勤務していました。そこでたくさんのお客様と接し、ともに家づくりをしていく中で、家づくりの「根本的な勘違い」の存在に気づいたのですが、お客様だけではなく、ハウスメーカーの優秀な営業マンや建築士たちもまた、同じ勘違いをしていることがよくありました。

その勘違いとは、何か。

それは、「家づくり＝住宅という箱をつくる」という考えです。

家というものの本質は、そこで暮らす人々の生活、すなわち「中身」にあります。いかに絢爛豪華な箱をつくっても、その中に住み手がいなければ、それは住宅とは呼べません。

当然、箱のスペック（断熱性、耐震性、耐久性など）も重要です。しかし、「住み手の暮らし」という中身こそが、住宅を住宅たらしめるのです。

この点に気づくことなく、いきなり箱の設計を始めてしまうと、家づくりの難易度がとたんに跳ね上がります。箱ばかりに意識がとられ、中身がなおざりになってしまえば、竣工後に後悔することになります。

住宅はあくまで箱にすぎません。家づくりとは、未来の暮らしを設計することであり、思い描く将来のあり方に沿って箱を建てていく。それが正しい認識であるというのが、私の結論です。

そして、未来の暮らしという中身を設計する手がかりは、設計者ではなく住み手であるみなさんの中にあります。自分や家族と向き合い、本書で示したような、人生の棚卸しを行って、中身の設計に必要な情報を集めていってほしいと思います。

私は、前職の時代から、「片付けず、ありのままの状態を見せてほしい」とお願いしたうえで施主のご自宅に足を運び、そこに刻まれた「リアルな生活」をくまなく観察するようにしてきました。

物があふれていれば、収納や片付けが苦手なのかもしれない。リビングに物干し竿があれば、室内干しのスペースが必要になるだろう。玄関は、トイレは、家具は、駐車場は……。可能な場所をすべてチェックするので、「想像以上に、じろじろ見ますね」と煙たがられたこともあります。

このアプローチも、中身の設計に必要な情報収集に他なりません。本書を読んでくださったなら、きっと自分たちの生活をうまく建築士に伝えることができるはずですから、建築士の側からの情報収集は少なくて済むでしょう。

そうして、住み手と設計者が、ともに同じ「未来の暮らし」のビジョンを見つめられたなら、必ず幸せに暮らしていける家が完成します。

本書では、「和室はいらない」「吹き抜けはいらない」という、どちらかといえば極端な提案をいくつもしていますが、何も「この世から和室や吹き抜けをなくすべき」と主張したいわけではありません。

私が本当に伝えたかったのは、「住宅づくりの常識」と思われている部分を、一度疑ってみるだけで、理想の暮らしを叶える家の選択肢が大きく増えるということです。

書籍の執筆にあたり、そのような自分の思いや考えを体系化していったのですが、作業を通じて、住宅というものが内包している要素の多さに気づき、改めて驚きました。

たくさんの複雑な条件を整理していった先に、よりよい住まいがある……。ひとりの建築家として学ぶべきことはまだまだあると感じました。

そんな貴重な機会をつくってくれた、サンクチュアリ出版のみなさん、原稿へのアドバイスをくれたライターの國天俊治さん、すてきな装丁や中面をデザインしてくれたデザイン事務所 tobufune さん、イラストレーターの髙柳浩太郎さん、他にもたくさんの人々の力が集まって、本書が産声を上げました。この場をお借りして、感謝申し上げます。

そしてなにより、本書の編集担当であり、私のチャンネルのファンでもあった吉田麻衣子さんの存在がなければ、私が本を書くこともありませんでした。

吉田さんは、実際に家づくりを終えたばかりであり、そこでぶつかった壁や苦労を、赤裸々に語ってくれました。そうして家づくりを「自分ごと」としてとらえている吉田さんとなら、絶対によい書籍ができる。そんなふうに感じたからこそ、出版を決意できました。深く感謝いたします。

この本を読んだみなさんが、よい家づくりのパートナーと出会い、幸せな暮らしを手に入れられるよう、心から祈っています。

２０２１年初夏　げげ

参考文献・ウェブサイト

文献

- 『エコハウスのウソ2』(前真之著、日経BP、2020年)
- 『健康に暮らすための住まいと住まい方 エビデンス集』(健康維持増進住宅研究委員会/健康維持増進住宅研究コンソーシアム編著、技報堂出版、2013年)
- 『荻野寿也の「美しい住まいの緑」85のレシピ』(荻野寿也著、エクスナレッジ、2017年)
- 『伊礼智の「小さな家」70のレシピ』(伊礼智著、エクスナレッジ、2014年)
- 『間取りの方程式』(飯塚豊著、エクスナレッジ、2014年)
- 『Van Life:YourHome on the Road』(フォスター・ハンティントン著、Black Dog & Leventhal、2017年)
- 『住宅問題研究』vol.16 No.2 2000年6月「住宅寿命について」(早稲田大学・小松幸夫)
- 『耐震等級3のススメ -熊本地震を教訓に-』(一般社団法人 くまもと型住宅生産者連合会)
- 『建築物環境衛生管理基準の設定根拠の検証について』(東賢一)
- 『Stand Up to Work:調整可能なワークステーションの健康への影響を評価する』(エリザベス・ガーランド他)

ウェブサイト

- ラクジュ建築と不動産『【土地探しからの家づくり】土地購入前に絶対観て欲しい!!7つのチェック事項!! 失敗しないための知識】』
  - ▶ https://www.youtube.com/watch?v=0whgqtrFs1M
- 【公式】さくら事務所『【結論】いくら必要?戸建て建売住宅のメンテナンス・修繕費用』
  - ▶ https://www.youtube.com/watch?v=4Svh_urvxKk
- 兵庫、大阪で高断熱高気密住宅専門の建築家集団 松尾設計室『都道府県別リスク込みでも得する太陽光発電の選択法と運用法』
  - ▶ https://www.youtube.com/watch?v=wF2MrMN31Tc
- げげ『住宅の断熱と省エネについて、すごい人にきいてみた。|住まいの広さや見た目よりも大切なこと』エコワークス株式会社 小山貴史代表との対談
  - ▶ https://www.youtube.com/watch?v=mGVPjXdQPEQz
- 住宅産業新聞社『大手9社の19年度平均棟単価=上昇続くも二極化、床面積は横ばい』
  - ▶ https://www.housenews.jp/house/18284
- SankeiBiz『日本人は世界一「座りすぎ」? 糖尿病や認知症のリスク…仕事見直す企業も』
  - ▶ https://www.sankeibiz.jp/econome/news/190627/ecb1906271327002-n1.htm

［ 著者プロフィール ］

げげ
金谷尚大　Naohiro Kanatani

一級建築士YouTuber
一級建築士事務所げげ代表。1990年生まれ。兵庫県出身。大学卒業後、新卒で積水ハウスに入社。6年で100棟以上の住宅・店舗設計を経験後、独立。「住まいの満足度を上げ、豊かな人生を送る人を増やす」をミッションに、新しい時代の常識にとらわれない家づくりを提案している。「後悔しない家づくり」の仕組みを、誰にでもわかるようにルール化したYouTubeチャンネル『げげ』が話題。

Special Thanks

・株式会社さくら事務所（https://www.sakurajimusyo.com/
・株式会社ラクジュ（https://lakuju.jp/）
・株式会社松尾設計室 一級建築士事務所（https://matsuosekkei.com/）
・エコワークス株式会社（https://www.eco-works.jp/）

後悔しない家づくりのすべて

2021年8月5日 初版発行
2024年7月9日 第6刷発行（累計2万7千部※電子書籍を含む）

著者　げげ
デザイン　小口翔平＋三沢稜＋畑中茜（tobufune）
イラスト　髙柳浩太郎
取材協力　國天俊治
DTP・図版制作　エヴリ・シンク
営業　津川美羽（サンクチュアリ出版）
広報　岩田梨恵子（サンクチュアリ出版）
編集　吉田麻衣子（サンクチュアリ出版）
発行者　鶴巻謙介
発行所　サンクチュアリ出版
〒113-0023 東京都文京区向丘 2-14-9
TEL　03-5834-2507
FAX　03-5834-2508
http://www.sanctuarybooks.jp
info@sanctuarybooks.jp

印刷　株式会社 シナノ パブリッシング プレス